제대와 감실의 싸움

김인영 신부 지음

분도출판사

JUSTINUS I. KIM O.S.B
The conflict between Altar and Tabernacle
© Benedict Press, Waegwan, Korea 1996

제대와 감실의 싸움
1996년 12월 초판 | 2015년 6월 9쇄
지은이 · 김인영 | 펴낸이 · 박현동
ⓒ **분도출판사**
등록 · 1962년 5월 7일 라15호
718-806 경북 칠곡군 왜관읍 관문로 61
왜관 본사 · 전화 054-970-2400 · 팩스 054-971-0179
서울 지사 · 전화 02-2266-3605 · 팩스 02-2271-3605
www.bundobook.co.kr
ISBN 978-89-419-9626-2 03230
값 7,000원

우리는 전례를 얼마나 알고 있는가?

제가 로마 성 안셀모 전례연구소에서 공부할 때입니다. 어느 강의 시간에 교수 신부님께서 한 편지를 우리 학생들에게 공개했습니다. 우리는 대부분 세계 각국에서 온 신부들이었는데, 그 편지는 어떤 학생 신부의 관할 주교님께서 보낸 것이었습니다. 그 학생은 2년간의 정규 과정을 끝내고 또다시 2년이란 세월이 흘렀지만 아직 석사 논문을 마치지 못한 상태에 있었는데, 아마 그 주교님은 그러한 사정이 이해가 가지 않았던 모양이었습니다. 그 편지의 요점은 다음과 같았습니다. "신부님, 미사드리는 방법을 배우는 데 4년씩이나 걸려야 합니까?"

전례란 무엇인가? 전례가 우리 신앙 생활과 무슨 관계가 있는가? 이러한 질문 앞에 선뜻 대답할 수 있는 사람이 과연 얼마나 될지 의심스럽다고 한다면 그것은 제 착각일까요? 하지만 불행히도 교회 구성원을 이루는 대다수의 사람들, 심지어는 교회 지도층이라 일컬을 수 있는 성직자·수도자들마저도 전례의 의미를 제대로 파악하고 있지 못한 것이 아닌가 하는 인상을 강하게 받게 됩니다. 우리 신자들의 말이나 행동에서, 성직자·수도자들의 글이나 교회 관행에서 바로 이러한 인상을 받게 됩니다. 그 대표적인 예가 바로 감실에 관계된 교회와 신자들의 태도입니다.

현대 교회 건축을 보면 감실이 성전 안에서 중요한 위치를 차지하고 있습니다. 또 신자들도 감실에 대한 애정을 아주 쉽게 표현합니다. 성체에 대한 우리 신자들의 신심은 지극하다고 표현할 수 있을 정도입니다. 감실이 화려한 장식으로 치장되어 있다는 것, 신자들이 성체께 대한 존경을 지극하다 할 정도로 드러내는 것, 그것이 문제되는 것은 물론 아닙니다. 하지만 상대적으로 성찬례의 중심인 제대와 말씀 전례의 중심인 독서대에 대한 우리의 관심은 지나치다 할 정도로 적은 것이 문제라 할 것입니다. 왜 이렇게 되었습니까? 바로 이것이 우리의 전례 생활이 잘못되고 있음을 뚜렷이 드러낸다고 생각합니다.

 우리 신앙의 중심에는 예수 그리스도가 계시고, 그분의 말씀과 행동, 가르침이 우리 삶의 중심을 이룹니다. 그분을 영원히 기억하고, 그분의 가르침대로 살기 위해서 교회는 성찬 전례를 행해 왔고 성서를 읽어 왔습니다. 이 성찬전례는 제대 위에서, 말씀은 독서대에서 선포되었습니다. 이러한 의식을 일주일에 한 번 주일에 모여 거행함으로써 교회는 자신이 그리스도와 함께 있음을 자각하여 왔습니다. 이때문에 제대와 독서대는 교회 건축 안에서 아주 중요한 자리를 차지하게 되었습니다.
 그런데 언제부터인가 감실이 신자들의 관심을 독차지하기 시작했고, 성체에 대한 공경과 그에 관계된 예식이 한없이 발전하기 시작하였습니다. 이러한 변화가 일어난 시기가, 신자들의 신앙이 실제 생활과 분리되기 시작한 시기와 거의 일치한다는 사실은 무엇을 의미하는 것일까요?

 이 책의 글들은 "가톨릭교리통신교육회"가 펴내는 『믿음의 나눔자리』 1991년 5월호부터 1996년 12월호에 게재한 글들입니다. 처음부터 신앙 입문자들과 신앙의 초보자를 대상으로 했었기에 이 글들은 전문적인 내용보다는 우리 신자들이 쉽게 이해할 수 있는 내용을 담으려고 노력했습니다. 따라서 전례에 관한 전반적인 내용보다는 우리 신자들이 상식적으로 알아야 할 것들, 잘못 알고 있는 사항들, 궁금해하는 것들을 중심으로 썼습니다. 앞으로도 신자들이 알고 싶어하는 사항이 있으면 제게 개인적으로 또는 "가톨릭교리통신교육회" 앞으로 편지나 전화를 주시면 답해 드릴 예정입니다.

이 책의 제목을 『제대와 감실의 싸움』이라고 한 것은, 현재 우리 교회의 잘못된 관행을 대변한다고 할 수 있는 감실과 파스카 신비가 재현되는 장소이자 우리 믿음의 참된 원천인 제대를 중심으로 하는 신앙의 대립을 극단적으로 표현하기 위해서였습니다.

우리 그리스도인들이 파스카 신비를 중심으로 하느님의 뜻에 합당한 생활을 했으면 하는, 적어도 그렇게 되도록 끊임없이 노력하기를 바라는 마음입니다. 또한 아버지의 뜻을 채우기 위해 자신을 제물로 바친 것을 기념하는 제대 중심의 신앙이 되기를 바랍니다.

체계적으로 쓴 글도 아닌 것들을 한 권의 책으로 엮어 주시느라 수고하신 "가톨릭교리통신교육회"의 직원들과 책임 신부님께 감사드립니다.

강원도 홍천에서 김인영 신부

머릿글 · 3

I. 아멘, 믿습니다!

전례라는 말이 낯설다고요? · 13

가정에서의 전례 생활 · 15

침묵, 그 깊은 신비 … · 19

창조된 침묵 · 21

미사에서의 침묵 · 23

"아멘, 믿습니다!" · 25

마음은 콩밭에? · 27

원칙은 있어야죠 · 30

미사보가 문제라니! · 33

주일(主日) 또는 일요일(日曜日)? · 36

기쁨을 안고 있는 사순절(四旬節) · 39

파스카 시기 · 43

성탄시기 · 46

전례의 토착화는 왜 필요한가? · 48

전례의 토착화를 위한 준비 · 52

전례의 단계적 토착화 · 57

II. 미사 때 왜 성체만 영하나요?

미사는 영적 음식잔치 · 65

미사는 최후 만찬의 재현(再現)? · 68

미사의 준비운동 · 72

미사를 위한 음악 · 75

하느님으로 채우는 위밍업! · 78

말씀 전례 때 성서 대신 다른 글을 읽을 수
있나요? · 81

인스턴트 성서 · 84

신부님의 강론은 우리의 양식? · 87

미사 때 영성체를 꼭 해야 하나요? · 92

미사 때 왜 성체만 영하나요? · 96

미사 때 이루어지는 동작의 의미(1) · 100

미사 때 이루어지는 동작의 의미(2) · 105

미사 때 이루어지는 동작의 의미(3) · 109

얼마만큼의 돈을 바쳐야 미사 효험이 … · 113

III. 여성은 사제가 될 수 없는가?

성사(聖事)가 뭐죠? · 119

성사는 마술인가? · 122

마술과 전례 · 125

예수께서 성사를 직접 제정하셨나요? · 129

고해성사 · 132

고해성사는 얼마나 자주 보아야 하는가? · 136

병자성사는 죽음의 성사? · 139

병자성사를 받으면 병이 저절로 나을까요? · 143

여성은 사제가 될 수 없는가? · 147

동방 교회, 동방 교회들 · 151

쓰레기 속에 버려진 성모님 · 155

풍수 지리와 무덤 축성 · 158

Ⅳ. 당신은 어느 파?

돈만 주면 교회는 저절로 … · 165

강복을 돈으로 산다? · 168

돈을 내라고요? · 172

당신은 어느 파? · 176

참된 미인은 화장하지 않아도 … · 179

성당의 중심은 감실?(1) · 182

성당의 중심은 감실?(2) · 187

하느님께서 말씀하시는 곳 · 193

오, 아름다운 성전이여! · 195

빛 좋은 개살구? · 197

전례에 쓰이는 것들 · 201

이 세상 나그네 되어 · 205

Ⅰ. 아멘, 믿습니다!

전례라는 말이 낯설다고요?

전례라는 단어는 그리스어 *liturgia*에서 나온 말로, 그 본뜻은 일, 봉사였으며 이것이 점차 국가, 도시, 가정을 위해서 하는 의무적인 봉사를 가리키게 되었고, 나중에는 그리스인들이 모시던 여러 신(神)에게 하는 의무적인 봉사, 즉 예배를 뜻하게 되었습니다. 그리스도교가 이 말을 받아들임으로써 결국 이것은 그리스도교의 예배를 가리키게 되었습니다.

19세기말부터 일어난 전례 운동의 결과, 이 말은 교회의 예배 또는 하느님 백성인 그리스도교 신비체가 드리는 예배를 뜻하게 되었습니다. 이 정의에서 중요한 것은 교회라는 말입니다. 교회는 세례를 받아 하느님의 자녀가 된 모든 이를 가리킵니다. 따라서 여기서 전례란 성직자의 전유물이 아닙니다. 아직도 많은 이들은 "전례란 성직자의 것"이라고 생각하고 있는 듯합니다.

전례란 하느님 백성인 우리 모두가 함께 드리는 예배입니다. 그러므로 우리 신도들이 바로 전례의 주체인 것입니다.

묵주기도, 십자가의 길, 성체조배 등, 신도들의 모임인 교회 공동체가 함께 드리는 예배는 모두 전례라고 할 수 있습니다. 달리 말하면 교회 공동체를 떠나 드리는 기도는 결코 전례가 될 수 없음을 뜻합니다. 예를 들어, 자기 개인의 이익을 위해 공동체와는 상관없이 미사를 드릴 때, 이러한 행위는 전례가 될 수 없다는 것입니다.
그러나 이것은 넓은 의미의 전례라고도 할 수 있습니다. 좁은 의미의 전례란, 교회가 공적으로 인정한 예배라고 말할 수 있는데, 교회는 이러한 종류의 전례에 특별한 의미를 부여하고 있습니다. 여기에 속하는 것으로는, 7성사(七聖事: 세례, 견진, 성체, 고해, 혼인, 병자, 서품)와, 성무일도, 전례주년, 준성사(사람이나 물체에 대한 축복) 들입니다.

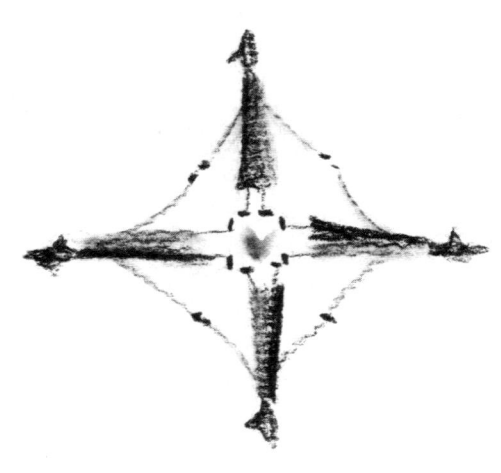

가정에서의 전례 생활

주일 미사에 꼬박꼬박 참석하는 까닭에 주위 사람들은 제가 열심한 신자라고 여깁니다만 정작 저 자신은 습관적으로 미사에 참여할 뿐이지 거기서 어떤 감동을 느낀다거나 특별한 은총을 받고 있다는 느낌을 가지고 있지 못합니다. 습관적인 전례 생활에서 벗어나고 싶은데 어떻게 해야 할까요?

제가 신학생 때 들은 농담 하나가 있습니다. 신학교에 입학할 때는 천사 같은 거룩한 마음과 감동을 지녔던 사람들이 졸업하여 신부가 될 때는 이미 악마로 변해 있다는 것입니다. 그래서 학장 신부님이 새 신부들을 세상에 내보낼 때, "순한 어린양과 같은 새 신부들을 늑대들이 사는 세상에 보내나니 …"라고 해야 원칙인데, 이제는 "어린양들 사이로 이 늑대들을 보내나니 …"라고 바꾸어 말한다는 것입니다. 재미있는 것은 이와 비슷한 농담이 개신교 신학교들 안에서도 널리 퍼져 있다는 사실입니다.

사실 사제가 되고자 신학교에 입학하는 사람치고 나름대로 거룩한 마음을 지니고 있지 않은 사람은 거의 없을 것입니다. 백성과 하느님을 섬기며 살겠다는 갸륵한 마음들로 충만해 있던 신학생들이 한 해 두 해 신학교 생활을 하다 보면 미사나 시간전례(성무일도)가 하나의 형식처럼 느껴지기 시작하면서 그저 습관적으로 신학교에서의 생활을 보내게 됩니다. 그러다 보니 가슴에 찡하고 울리는 감동은 이제 눈을 씻고 찾아보려고 해도 볼 수 없고, 학년이 거듭될수록 가슴은 사하라 사막처럼 메마르게 되기 일쑤입니다.

이러한 사정은 수도원에 들어가 살고 있는 수사나 수녀들에게도 거의 마찬가지일 것입니다.

세상이 주는 안락함과 가정을 이루고 싶은 인간의 기본적 욕구마저 포기하고 오직 하느님의 영광을 위해서 살겠다는 신부들과 수사·수녀들이 이러할진대, 우리 평신도들의 사정은 어떠할지 쉽게 미루어 생각할 수 있을 것입니다.

전례는 요술이 아니다

우리들이 흔히 오해하는 것 가운데 하나가, 미사에 열심히 참여하고 신앙 생활을 게을리하지 않으면 하느님이 우리 마음 안에 뜨거운 감동과 행복을 가져다주리라는 믿음입니다.

그런데 실제로는 아무리 미사에 열심히 참여하여 보았자 마음은 별반 아무런 감동도 느끼지 못함을 알게 되면서 차츰 미사를 하나의 형식에 불과한 것이라고 간주하는 가운데 좀더 자극적으로 자신의 감정을 불러일으킬 수 있는 것들에 눈을 돌리게 됩니다. 그리하여 미사는 제쳐둔 채 기적(奇蹟), 이적(異蹟) 들에 눈을 돌립니다. 또 일부 신자들은 개신교의 부흥회와 같은 것에 관심을 갖기도 합니다. 가슴으로 느끼는 신앙 생활을 하고 싶다는 열망은 때때로 이단에 빠지게도 합니다.

"이 지역은 도로 사정이 안 좋아 위험한 곳이니 속도를 늦추라"는 교통 표지판의 예를 들어봅시다. 이 표지판은 사람들에게 하나의 안내 역할을 하고 있습니다. 그렇다고 이 표지판이 내가 운전하는 자동차의 속도를 저절로 늦추어 주지는 않습니다. 이 표지판 안에 어떤 마술적 힘이 들어 있는 것은 아니기 때문입니다. 그 표지판을 보고 속도를 늦추는 것은 내가 하는 것입니다. 하지만 평상시에 교통 신호를 잘 지키지 않던 사람이 이러한 안내판 하나의 명령을 잘 지킬 리는 없습니다. 좋은 운전 습관을 익힌 사람만이 그 표지판의 뜻을 알아차릴 수 있고 또 위험을 방지할 수 있는 것입니다.

하느님께로 안내하는 표지판: 미사, 전례

 평상시 몸에 익은 좋은 운전 습관이 도로 표지판이 전해 주는 안내문의 의미를 이해하게 만들고 운전자를 지켜 주듯이, 미사와 전례 역시 이와 마찬가지입니다. 미사는 그리스도의 파스카 신비를 우리에게 전해 주면서, 그리스도처럼 살 때 우리 또한 하느님께로 나아가게 된다는 것을 말해 주는 하나의 안내판, 신앙 표지판입니다. 그렇다면 미사의 의미를 제대로 깨닫고 그것을 나의 것으로 하자면 평상시 훈련이 필요하다는 것이 분명해집니다.

올바른 신앙을 위한 평상시 훈련

 첫째, 성서를 매일 읽어야 합니다. 미사와 전례는 도로 표지판과 마찬가지로 일종의 상징적 언어와 동작들로 이루어져 있어서 그 의미를 알아야 하는데, 성서가 바로 그 의미들을 우리에게 알려주고 있습니다. 그리스도교의 중심을 이루는 성서 안에는 하느님의 말씀이 들어 있기 때문입니다. 하느님의 뜻을 따라 살겠다는 사람들이 그분의 뜻이 적혀 있는 성서를 읽지 않는다는 것은 있을 수 없는 일이겠지요. 성서를 매일 읽되 그 양은 각자가 조절할 수 있습니다. 하루 5분만이라도 성서를 읽는다는 것은 몸에 밴 좋은 운전 습관과 같은 것입니다.

 둘째, 잠자기 전 5분만이라도 묵상하도록 합시다. 하느님은 우리 양심을 통해서 우리에게 말씀하고 계십니다. 묵상은 그날 하루 동안의 자신의 생활을 돌아보는 가운데 하느님 말씀을 듣는 것입니다. 하느님 말씀에 비추어 자신의 생활을 반성하는 습관은 우리로 하여금 하느님을 좀더 가까이 느끼게 만들 것입니다.

 셋째, 정해진 시간에 기도를 합시다. 특히 가족과 함께 하는 기도는 가족 구성원의 일치뿐만 아니라 공동체, 작은 교회로서의 모습이 드러나는 순간입니다. 이렇게 할 때 우리는 자기의 주관적 신앙에 빠질 위험을 덜 수 있습니다.

또 정규적인 기도 습관은 자칫 나태해지기 쉬운 신앙 생활을 지켜주는 역할을 합니다. 기도라고 해서 꼭 기도서에 나와 있는 것만 해야 되는 것은 아닙니다. 가끔은 자신의 마음에서 우러나오는 기도를 하는 것도 좋습니다. 잠자기 전, 가족 전체가 모여 함께 기도하는 것은 어떤 면에서 부모가 자식에게 줄 수 있는 가장 아름다운 선물, 유산이 아닐는지요.

넷째, 교회 출판물을 읽도록 합시다. 2,000년 전에 쓰여진 성서를 오늘 우리 상황에 어떻게 적용해야 할지 가르쳐 주는 것은 교회의 공식 문헌과 신학자들의 글입니다. 이러한 글들의 도움 없이 균형있는 신앙 생활을 하기란 사실 어려운 일입니다. 우리 신자들이 성서도 잘 읽지 않지만 교회 출판물들은 더욱더 읽지 않는다는 것은 널리 알려진 사실이고, 이때문에 타종파의 사람들이 가톨릭 신자들을 대상으로 전도한다고 합니다.

다섯째, 자신의 신앙을 구체적으로 실현합시다. 개신교 신자들이 자신의 수입의 십분의 일을 바칠 때, 그들 역시 돈이 아깝지 않은 것은 아니겠으나, 그러한 봉헌을 통해서 자신의 신앙을 다시 한번 확인한다고 합니다. 행동 없는 신앙은 죽은 신앙이라는 성서의 말씀에 따라 각자 자신의 처지 안에서 신앙을 실천에 옮길 수 있는 수단을 찾도록 합시다.

신앙은 끝없는 자신과의 투쟁입니다. 자신이 얼마큼 하느냐에 따라 신앙의 기쁨도 그 크기가 달라질 것입니다.

침묵, 그 깊은 신비 …

 우리 마음은 하나의 잔과 같습니다. 여러가지 우리의 생각으로 가득 채워진 잔 그래서 다른 사람의 말은 들어갈 자리가 없는 잔. 자기 생각들도 소중하지만, 다른 이들의 생각도 집어넣고 싶은데, 빈 자리가 없습니다.

 어떻게 해야 다른 목소리를 받아들일 수 있을까요?

 방법은 하나뿐입니다.
 내 생각을 버리고 빈 잔으로 만드는 것입니다.
 술을 버리고 물을 따르는 것처럼, 버림이 없으면 가짐도 없기 때문입니다.

 전례, 특히 미사중의 침묵, 그것은 술을 버리는 행위요, 내 생각을 잠재우는 행위입니다. 침묵, 그것은 하느님의 소리를 듣기 위한 우리의 적극적 자세입니다. 우리가 소음에 둘러싸일 때 하느님의 소리를 들을 수 없습니다. 그래서 전례중의 침묵은 아주 소중한 순간입니다.
 침묵은 성령이 내 안에 들어오셔서 활동하시도록 우리가 협조하는 것입니다. 성령은 너무 여리셔서 우리가 문을 닫으면 아무것도 할 수 없기 때문입니다.

 고요함 중에 기다리는 것, 이것은 어떤 전례 행위보다도 더 아름다운 것입니다. 하느님 말씀을 듣는 순간의 침묵, 너무나 부드럽고 소곤대는 소리라 정신을 집중하고 침묵중에 기다리지 않으면 들리지 않습니다.
 그래서 우리는 말씀 전례 때 침묵을 지킵니다. 하느님의 감미로운 소리를 들을 수 있도록.

사제가 기도드리는 순간마다 우리는 침묵합니다. 사제를 통하여 우리의 기도가 하느님께 올려지는 순간이요, 우리 또한 침묵으로 하느님과 대화하고자 하기 때문입니다. 영성체 후의 침묵은 우리를 그리스도의 신비와 그날 들은 말씀을 되새기는, 하느님과 대화하는 시간입니다.

 성체 앞의 침묵, 제대를 바라보며 홀로 앉아 있을 때의 침묵은, 하느님과 대화하고, 그분의 말씀을 듣고자 하는, 가장 적극적인 신앙 행위입니다. 그 어떤 동작, 행위보다도 하느님 마음에 드는 행위입니다.

 이같이 아름다운 침묵을 우리는 전례중에, 또는 우리 삶 가운데 얼마나 실천하고 있습니까? 행여 우리 마음은 침묵으로 비워진 상태가 아니라 여러가지 잡생각으로 가득 차 있지는 않습니까? 우리에게 술(우리 자신의 생각)도 중요하지만, 생명을 유지하기 위해서는 생명의 물(하느님의 목소리)이 더 중요하지 않습니까?

 신자로서의 나의 삶 안에서 하루 중 얼마만큼의 시간을 하느님 말씀을 듣는 데 바치고 있습니까?

창조된 침묵

> "전례의 능동적 참여를 촉진하기 위하여 회중의 환호, 응답, 시편 교송, 대경, 성가와 함께 행동과 동작과 몸가짐 등을 올바르게 하도록 유의하여야 한다. 또한 합당한 때에는 거룩한 침묵을 지켜야 한다"(전례헌장 30).

신도들이 라틴어를 이해하지 못하던 지난 1,500년 동안, 미사 때 신부 혼자서 라틴어로 미사를 드리면 신도들은 그저 가만히 앉아 있거나 묵주기도를 하기도 하고, 아니면 앞에 보이는 성상(聖像)을 바라보며 기도하는 것이 관례처럼 되었습니다. 따라서 미사 전례는 신부 혼자의 예배, "일인극"에 머물고 말았던 것입니다. 신도들은 자연히 미사에 수동적으로 참여할 수밖에 없었고, 미사중에 침묵을 지키고 있었던 것은 "이 미사는 나와는 상관이 없다" 하는 식으로 생각하고서는 그저 습관적으로 자리를 지키는 것에 불과한 것이었습니다.

"전례는 하느님 백성이 드리는 예배"라고 새로이 자각한 현재, 교회는 하느님 백성을 이루는 모든 신도가 전례에 능동적으로 참여하도록 권하고 있고, 또 전례를 개정함으로써 신도들이 적극적으로 전례에 참여할 수 있도록 배려하고 있습니다. 제2차 바티칸 공의회 이후 라틴어로 미사를 드리던 것을 자기 나라 말로 드릴 수 있도록 허락한 것이 그 좋은 본보기입니다.

그러나 오랫동안 침묵을 강요당해서인지, 전례에서 신도들의 역할이 많이 강조되고 또 전례의 활성화를 꾀하다 보니 긍정적인 면도 많지만 부정적인 면들도 많이 부각되는 것이 사실입니다. 예를 들면 미사 해설이 장황해지고, 신부들도 형식을 벗어나 자연스럽게 미사를 드리려다 보니 군더더기말을 하게 됩니다. 또 미사 전례에 맞지 않는 노래를 부르기도 합니다. 이런 것들은 미사 참여를 도와주는 것이 아니라 오히려 미사 참여를 방해하는 요소들로 변질되지 않았나 하는 생각까지 하게 됩니다.

현대를 "초스피드 시대"라고들 합니다. 거리를 바쁘게 오가는 사람들은 무엇엔가 쫓기는 사람들처럼 전혀 여유가 없어 보입니다. 독서 경향도, 많은 양의 문학작품보다는 짧은 우화나 동화 또는 만화를 더 좋아하는 쪽으로 변하고 있다고 합니다.

이러한 경향이 전례 안에도 그대로 나타나고 있다는 데 문제가 있습니다. 꽉 짜여진 미사 시간표, 그러다 보니 정해진 시간 안에 미사를 마치기 위해서 주례자나 신도나 할 것 없이 정해진 예식에 맞추어 일사천리로 나아갑니다.

이러한 시대 조류를 거슬러 교회는 "거룩한 침묵"을 외칩니다. "잠시 멈추어라. 하던 일을 멈추어라. 하느님 말씀에 귀를 기울이라. 너 자신을 반성하고, 하느님 말씀에 비추어 네 삶을 되씹어 보라."

이 침묵은, "난 너와 상관이 없어", "네 말 따위는 듣고 싶지 않아" 하는 거부를 드러내기 위해 말을 안하는 침묵과는 완전히 다릅니다. 이것은 자신을 돌이켜보고, 하느님 말씀에 귀기울이며, 하느님께 찬미와 영광을 드리기 위해 말을 안하는, 나의 목소리를 죽이는 것을 뜻하는, "창조적 침묵"입니다. 과연 우리는 하루에, 전례중에 얼마큼 침묵을 지키고 있습니까?

미사에서의 침묵
- 아름다운 열매를 맺는 보화! -

우리는 전례 안에서의 침묵의 뜻에 대해 일반적으로 살펴보았습니다. 이제는 모든 전례의 중심이자 우리 신앙 생활의 정점인 미사에서의 침묵에 대해 살펴보기로 합시다.

첫째, 우리 마음을 준비하는 침묵이 있습니다. 즉, 우리가 하느님 앞에 서 있음을 생각하고, 하느님께 대한 열심한 마음을 가다듬기 위하여 잠시 침묵을 지키게 됩니다. 구체적으로 말해서, 미사의 첫 부분인 참회 예절 때 우리의 양심을 성찰하고 죄를 뉘우치며 반성하기 위해서 잠시 침묵을 지킵니다. 그리고 사제가 "기도합시다"라고 신도들을 초대하는 본기도와 영성체 후 기도 때 침묵으로써 사제의 기도에 동참할 준비를 갖추면서 동시에 우리의 기도를 하느님께 바칩니다. 보편 지향 기도를 바칠 때 우리는 침묵을 지킴으로써 기도 지향에 동의함을 드러냅니다.

둘째, 사제가 드리는 기도를 경청하고 이해하며 동시에 그 기도를 자신의 것으로 하기 위한 침묵이 있습니다. 예를 들어 감사기도 때 우리는 겉으로 지키는 침묵만이 아니라 마음속으로도 고요함을 유지하면서 사제의 기도 내용에 귀를 기울이며 사제와 함께 기도드립니다.

셋째, 묵상을 위한 침묵이 있습니다. 말씀 선포, 성서 봉독 이후 우리는 잠시 동안 침묵 가운데 하느님 말씀을 되새기며, 그것을 자신의 삶 안에서 실천할 수 있도록 마음을 가다듬습니다. 이는 하느님 말씀을 이해하고 거기에 동의하기 위한 것입니다. 하느님 말씀을 듣고 난 후의 침묵은 자신의 양심을 말씀에 비추어보고 침묵 가운데 우리에게 말씀하시는 성령의 가르침에 귀를 기울이도록 도와줍니다. 그리고 사제의 강론 후에도 잠시 침묵시간을 가져 방금 들은 말씀을 나의 것으로 만들도록 해야 할 것입니다.

 넷째, 기도하기 위한 침묵이 있습니다. 성체를 모시기 전, 영성체 후, 우리는 침묵 가운데 감사기도를 바치기 위해 묵상시간을 가집니다. 특히 성체를 모시고 난 이후 그날 미사 때 들은 하느님 말씀을 다시 한번 되새기면서, 하느님께 감사기도를 침묵 가운데 바치는 것은, 신자만이 누릴 수 있는 특권이자 은총의 순간이라 할 것입니다. 성체조배 때도 우리는 침묵 가운데 주님의 수난과 죽음과 부활을 생각하면서 우리 신앙 생활을 되돌아봅니다.
 우리의 죄와는 상관없이 항상 우리를 사랑하시는 하느님께 감사기도를 바치는 것은 얼마나 아름답습니까?

 이처럼 미사중에 갖는 침묵의 순간은 아름다운 열매를 맺는 보화라 하겠습니다. 하지만 우리가 명심할 것은, 침묵은 전체 전례를 도와주는 것이어야지 전례를 방해해서는 안된다는 것입니다.
 아무리 좋은 것이라도 지나치면 나쁩니다. 전례, 그중에서도 미사는 하느님을 찬미하는 시간이지 묵상회를 하는 시간이 결코 아닙니다. 따라서 적당한 시간만큼만 침묵시간을 가짐으로써 전례가 아름답게 되도록 노력해야 할 것입니다.

 그런데, 우리가 침묵시간을 가지려 할 때, 혹시 우리 마음은 세상 일로 가득 차게 되지는 않습니까?

"아멘, 믿습니다!"

"말 한 마디로 천 냥 빚을 갚는다"고 말할 정도로 우리 조상들은 말이 얼마나 중요한지를 잘 알고 있었습니다. 말을 함부로 하는 사람, 아무 말이나 생각나는 대로 내뱉는 사람을 천박한 사람으로 여겨 가까이하지 못할 사람으로 여겼습니다. 일상적인 말에서도 이렇듯 엄격한 우리 어른들은 "예"와 "아니오"에 대해서는 어떠했는지 충분히 짐작하고도 남을 것입니다.

"예"와 "아니오"는 다른 이의 생각이나 말을 귀담아듣고 그에 대해 자기 판단을 내리는 행위입니다. 이 두 마디 말 때문에 얼마나 많은 사람이 죽어 갔으며, 영웅이 되기도 하고 간신배가 되기도 하였는지요. 상대의 생각이 옳고 그름을 떠나 무조건 "예, 예" 하는 사람을 줏대없는 사람, 간신배, 아부꾼이라고 부르며, 무조건 "아니오"를 내뱉으며 반대부터 하고 보는 사람을 우리는 멀리하게 됩니다.

한국의 수많은 순교자들, 그분들은 자신들의 믿음과 반대되는 것을, 즉 배교를 강요받았을 때, 죽음으로 "아니오"를 대신하였고, 결국 우리는 그분들의 용기와 믿음을 칭송하게 되었습니다. "나를 따르라"는 주님의 말씀에 "예" 하고 대답하였기에, 그것을 지키고자 목숨을 바치신 수많은 순교자들을 우리 교회는 자랑하고 있습니다.

"당신이 말한 것에 동의합니다." "그렇지요, 당신 말이 옳아요!", "참으로 그래요." 이러한 뜻을 가지고 있는 것이 바로 전례 안에서 사용되는 "아멘"입니다. 우리는 전례중에, 특히 미사중에 사제가 기도를 마칠 때마다 "아멘" 하고 말함으로써 사제의 기도에 동의를 표합니다.

 사제가 드리는 기도 후에 "아멘"으로 응답하는 것도 기도 내용을 다 이해하였다는 것을 전제로 합니다. 만일 내용도 알지 못한 채 "예, 맞아요"라고 한다면, 이는 하느님을 조롱하는 것이 될 것입니다.
 그러므로 우리 신자들은, 사제가 드리는 기도에 "아멘" 하고 말할 수 있기 위해서라도 사제의 기도를 잘 듣고, 그 뜻을 알 수 있도록 노력해야 합니다. 물론 사제가 정확한 발음으로 천천히 기도하는 것도 필요하지요.

 미사중의 "아멘" 중 가장 중요한 "아멘"이 두 군데 있습니다. 하나는 사제가 교회의 가장 장엄한 기도인 감사기도를 마치면서 "그리스도를 통하여 그리스도와 함께 … 전능하신 천주 성부 모든 영예와 영광을 영원히 받으소서" 하고 기도하면 그때 모든 신도가 이 사제의 기도에 동의함을 드러내기 위해서 "아멘" 하고 응답하는 부분입니다. 이때문에 감사기도 후의 "아멘"은, 사제가 백성을 대신해서 드린 찬미와 감사의 기도에 신자들도 동참한다는 것을 드러내므로 보통 성대하게 노래로 표현합니다. 다른 하나는, 우리가 성체를 받아 모시는 순간, 사제가 "그리스도의 몸"이라고 말하면 "아멘" 하고 대답하는 부분입니다.

 영성체하는 순간의 "아멘"은 중요한 신앙고백의 순간입니다. 성체를 "그리스도의 몸"이라고 말하는 사제에게, "예, 이 빵이 그리스도의 몸임을 믿습니다"라는 말을 "아멘"으로 대신하기 때문입니다. 따라서 조그만 밀떡 하나를 "그리스도의 몸"으로 알고 받아 모시는 신앙의 표현인 이 "아멘"을 똑똑히, 확신에 찬 목소리로 발음해야 할 것입니다.

마음은 콩밭에?

고기를 무척 좋아하시는 신부님께서 어느 날 잔치에 초대 받으셨습니다. 일이 있어 조금 늦게 잔칫집에 들어가신 신부님, 군침을 삼키면서 잔칫상을 바라보니 고기는 이미 거의 동난 상태였답니다. 실망스런 목소리로 성호를 그으며 하시는 말씀, "제기랄, 고기는 벌써 다 먹었잖아!" 하더랍니다.

주일에 성당에 들어가 미사에 참여한 수녀님, 분명히 정신차리고 있었다고 생각했는데도, 잠시 딴 생각을 하다 보니 어느새 신부님의 낭랑한 목소리, "미사가 끝났으니 가서 복음을 전합시다"라는 진짜(?) 기쁜 소식을 듣고는, "어? 언제 이렇게 시간이 흘렀어?" 하고는 성당에서 나왔답니다. 물론 그날 복음이 무엇이며, 신부님의 강론이 무엇에 대한 것인지도 생각나지 않고, 심지어 자신이 영성체를 했는지조차도 분명치 않더랍니다.

아름다운 전례를 이루기 위한 두 가지 중요한 외적 요소는 우리의 말과 동작입니다. 말과 동작이 아니면 우리 의사를 제대로 전달할 수 없기 때문이지요. 어떤 이는 말합니다. 허례허식은 집어치우고, 참된 마음으로 기도하라고. 옳은 말입니다. 그런데 우리가 천사라면야 얼마든지 마음만으로 하느님을 찬미할 수 있겠지만, 우리로서야 어디 그게 그렇게 쉽게 됩니까? 아무리 도를 통달한 사람 흉내를 내보아도, 내 동작과 말이 벌써 내 마음가짐을 적나라하게 드러내주는데 어쩌겠습니까? 따라서 우리는 가능한 한 몸가짐을 제대로 갖추고 말도 절도있게 함으로써 우리 마음을 겉으로 드러냅니다.

여기서 저는 전례중의 우리 행동과 말을 잠시 살펴봄으로써, 우리의 기도 생활을 한번 점검해 보고자 합니다. 특히 우리 영성 생활의 핵심을 이루는 미사에서의 우리 자세에 대해 생각해 보고자 합니다.

미사중 사제는 딱 두 번 "기도합시다" 하고 신자들을 기도에로 초대합니다. 본기도와 영성체 후 기도를 시작할 때가 바로 그때이죠.
이 초대의 말에 우리 신자들은 잠시 침묵으로써 마음을 가다듬고 하느님께 향하게 됩니다. 그런데 이 엄숙한 순간에 어떤 이들은 성서를 펼치거나 책을 가방 속에 정리합니다. 마치 이 순간을 제때에(?) 이용하여 실속있게 시간을 보내고자 하듯이….

사제가 기도하는 순간에 우리는 정신을 집중시켜 사제의 기도에 하나되어 하느님께 함께 기도합니다. 그런데 이러한 순간에도 옷의 먼지를 터는 사람, 안경을 닦는 사람, 얼굴 화장이 잘못되었는지 보기 위하여 손거울을 들여다보는 사람 등 갖가지입니다.
하느님 말씀이 봉독되는 순간은, 바로 하느님이 우리에게 말씀하시는 순간입니다. 따라서 우리는 온 정신을 모아 그분 말씀에 귀를 기울입니다. 그런데 이 거룩한 순간에 성서를 이리저리 펼치는 사람, 잠시 오수(?)를 즐기는 사람, 환상의 여행(?)을 떠난 사람, 사업계획을 생각하는 사람, 미사 끝나면 어디로 놀러갈까 궁리하는 사람 등이 있습니다. 만일 대통령이 바로 우리 앞에서 말씀하실 때, 위와 같은 행동을 감히 할 수 있을는지요. 결국은 하느님 알기를 대통령보다 더 우습게 아는 행위들이 아닌지요.

전례중에 이루어지는 사제의 동작과 말에도 많은 문제가 있을 수 있습니다. 예를 들어, "그리스도를 통하여 그리스도와 함께…"라는 마침 영광송으로 감사기도문을 끝낼 때, 사제는 성작과 성반을 높이 받들어 올려 이 순간이 중요한 순간임을 드러냅니다. 그러면 신자들이 "아멘" 하고 사제의 기도에 동의를 드러내는데, 이같이 신자들이 "아멘" 하고 응답하는 동안, 사제가 성작과 성반을 제대 위에 내려놓고 미사경본을 뒤적인다면, 그것을 보는 신자들이 과연 무엇을 느낄까요? 대화하는 도중에 자기 말만 실컷 하고 남의 말은 듣지도 않은 채 가 버리는 사람과 무엇이 다른지요. 영성체 때, 사제가 "그리스도의 몸" 하면, 신자들은 "아멘"이라는 응답을 하는데 미처 대답하기 전에 성체를 내려놓는다면 그 사제에게서 신도들은 과연 무엇을 느낍니까? 기도할 때 무엇에 쫓기는 듯 말을 빨리 하는 사제의 모습에서 우리 신자들이 갖는 느낌은 어떤 것입니까?

우리 말이 우리 마음과 조화를 이루지 못할 때, 정성이 결여된 몸가짐으로 전례에 참여할 때, 우리는 참으로 하느님과 대화한다고 자부할 수 있습니까? "내 몸가짐이 흐트러지고 내 말에 정성이 부족해 보이더라도, 내 마음은 주님께 향하고 있어!"라고 자신있게 말할 수 있는 사람이 과연 얼마나 될까요?

원칙은 있어야죠

"참여자 모두가 지켜야 할 통일된 자세는 집회의 일치성과 공동체성을 드러내는 표지인 것이다. 그로써 참여자들의 마음과 감정을 표현하며 동시에 그것을 북돋아 준다"(미사경본의 총지침 20).

미사중의 몸가짐에 대해 말하려 하면 어떤 이는 반문합니다. "몸동작이 뭐 그리 중요합니까? 우리 마음만 있으면 되지요." 물론입니다. 우리 마음 자세가 무엇보다도 중요하지요. 또 마음 자세가 제대로 되어 있다면 옷차림이나 외모 또는 예식이 뭐 그리 중요하겠습니까?

문제는 우리가 얼마나 행동과 몸가짐과는 상관없이 굳건한 마음 자세를 유지할 수 있느냐 하는 데 있습니다. 인간의 몸과 마음은 떼려야 뗄 수 없을 정도로 깊이 결합되어 있습니다.

몸이 아프면 정신도 흐트러지고 해이해지기 쉽습니다. 반대로 우리 정신이 긴장하고 있으면 우리 몸도 함께 긴장합니다. 몸이 약한 사람은 쉽게 이성을 잃을 수 있고, 몸이 건강한 사람은 매사에 기쁨을 느끼며 사는 것을 쉽게 볼 수 있습니다. 모든 인간 사회에 예의 범절이 존재하고 또 거기에 따르는 몸가짐도 정해져 있는 까닭이 바로 여기에 있다 하겠습니다.

종교 생활도 마찬가지라고 봅니다. 몸가짐을 제대로 할 때 우리 신앙 생활에도 많은 발전을 기대할 수 있는 것입니다. 총괄적으로 우리 전례 생활과 몸가짐에 대해 원칙적인 이야기를 간단히 적고자 합니다.

첫째, 복장 문제입니다. 옷이 좋고 나쁘고의 문제가 아니라, 미사 때 입고 가는 옷에 드러나는 우리 마음이 문제입니다. 사랑하는 사람을 만나러 가는 사람이 옷에 대해 어느 정도의 신경을 쓰고 있습니까?

기도나 미사에 참여하러 가는 사람이, 막일을 하면서 입던 옷을 그대로 입고 또 손질하지 않은 구두를 신고 있다면, 과연 그 사람이 전례에 진지하게 참여할 수 있을까요?

둘째, 성당이나 기도하는 장소에 도착하는 시간입니다. 미사가 막 시작되려는 순간 또는 이미 미사가 어느 정도 시작된 다음에나 들어가는 사람, 시간이 있으면 성당 밖에서 담배를 피우거나 노닥거리다가 신부가 입당할 때에나 들어가는 사람의 마음 자세가 제대로 되어 있다고, 그가 참으로 하느님께 진지한 자세로 서 있다고 볼 수 있는지요.

셋째, 각 전례 순간에 맞는 몸동작입니다. 하느님 말씀을 들으면서 합장하고 있을 때와 팔짱을 끼고 있을 때, 둘 중 어느 순간이 우리 마음을 하느님께로 향하게 합니까?

하느님께 간절한 청을 드리면서 앉아서 드리는 것과 무릎 꿇고 드리는 것 중 어느 것이 더 우리 마음과 조화됩니까? 사제가 감사기도문을 하는 순간, 앉아서 팔짱끼고 듣는 것과 무릎을 꿇거나 서서 합장한 채 고개를 약간 숙이고 듣는 것 가운데 어느 쪽이 더 사제의 기도에 잘 동참할 수 있습니까?

넷째, 전례에 알맞은 목소리입니다. 여기서 말하는 것은 아름다운 목소리를 뜻하는 것이 아니라 우리 정성과 마음이 담긴 목소리를 말합니다.

사제의 기도에 기어들어가는 소리로 "아멘"으로 응답하는 이는 어쩌면 자신의 신앙이 흐리멍덩한 것을 보여주는 것은 아닌지요. 목소리에 힘이 실려 있을 때, 그것은 자신의 신념을 드러내는 수단이 되기도 하지만, 다른 한편으로는 자신의 마음을 다지는 계기도 됨을 우리는 알고 있지 않습니까?

전례 생활은 저절로 되는 것이 아니라 올바른 몸가짐과 그에 걸맞은 마음을 갖기 위한 우리의 노력도 많이 필요합니다. 물론 형식이 더 이상 필요없는 경지에 이르렀다면 이 모두가 다 부질없는 것이겠지요.

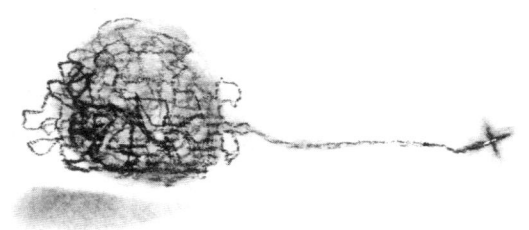

미사보가 문제라니!

언젠가 신학을 공부한 여교우로부터 들은 이야기입니다. 미사 때 여성들이 미사보를 쓰는데, 이는 "머리를 가리우지 않고 기도하거나 예언하는 여자는 누구나 자기의 머리(남편)를 부끄럽게 하는 것입니다"(1고린 11,5)로 시작되는 사도 바울로의 남존여비 사상에서 연유된 것이며, 따라서 남녀평등의 시대를 사는 오늘날, 남존여비 사상의 유물인 미사보를 사용하지 말아야 한다는 것이 그분의 주장이었습니다. 어느 면에서 보면 타당한 의견이라고 생각되지만, 다른 한편으로는 꿈과 낭만 그리고 상징을 잃어버린 메마른 마음이 되어버린 현대인의 전형적 모습을 보는 것 같아 씁쓸한 기분이 되었습니다.

결혼의 표지로서의 너울(베일)
유대인에게 있어 여자가 쓰는 너울은 자신이 결혼한 신분임을 드러냄과 동시에 남편에 대한 순종을 상징합니다. 로마에서는 약혼한 순간부터 붉은 너울을 씀으로써 자신에게 남자가 있음을 드러냈습니다. 이렇듯 여자의 너울은 한 남자에게 속해 있다는 것을 드러내는 표지였던 것입니다.

그리스도와의 혼인을 드러내는 너울
교회 안에는 초세기부터 하느님을 위해 결혼을 포기하고 평생을 동정으로 살면서 주교를 중심으로 봉사의 삶을 살던 동정녀들이 있었습니다. 4세기부터 이런 동정녀들을 위한 축성 예식을 볼 수 있는데, 이 예식에서 가장 중요한 요소는 주교가 후보자에게 너울을 씌워주는 예식이었습니다. 세상 여자의 너울이 한 남자와의 혼인을 드러내는 표지(상징)라면, 동정녀의 너울은 그리스도와의 혼인을 드러내는 표지였던 것입니다. 이후 수녀들이 착용하는 너울 역시 이런 의미를 갖게 되었으니, 서원 예식중 수건을 건네는 중에 "거룩한 수건을 받아 이로써 주 그리스도께 온전히 속하며 교회에 봉사하기 위하여 온전히 봉헌되었음을 모든 이에게 알려 주시오"라는 말을 합니다.

미사보의 새로운 의미

상징은 시대에 따라 새로이 해석됩니다. 미사보의 기원에 남존여비 사상이 들어 있다고 해서 미사보 폐지 운동을 마치 여성해방의 한 수단으로 여긴다면, 이는 하나는 알고 둘은 모르는 어리석은 일이라 할 것입니다.

미사보는 동정녀나 수도자의 너울과 마찬가지로, 그리스도와의 혼인을 드러내는 표지로 해석될 수 있다고 봅니다.

여성: 그리스도의 신부(新婦)

그러면 어떤 이는 "남자는 왜 너울을 사용하지 않는가?"하고 질문할 수 있을 것입니다. 이는 여성과 너울이 갖는 상징적 의미로 설명될 수 있습니다. 사도 바울로는 그리스도와 교회의 관계를 혼인에 비유하여 설명하곤 하였습니다. 그런데 교회 안에 남성도 많지만 교회는 언제나 여성으로 표상되었습니다. 다른 한편 남자 신자 역시 그리스도의 신부(新婦)라는 사실은 분명하지만 이러한 상징적 표현은 너무 어색합니다. 그에 비해 여성에게는 그리스도의 신부(新婦)라는 말이 쉽게 적용될 수 있었던 것입니다.

우리 문화 안에서의 미사보

외국에서는 더 이상 사용하지 않는 미사보를 우리는 왜 계속 사용하여야 하는가라는 의견에 대해서는 다음과 같이 말할 수 있다고 봅니다. 서양인과 우리는 서로 다른 문화와 언어, 상징 체계를 가지고 있기 때문에 그들이 사용하지 않는다 해서 우리도 사용할 필요가 없다고 한다면 이는 문화사대주의(文化事大主義)의 또 다른 표현에 불과할 것입니다. 미사보가 우리 신앙에 아주 중요한 요소는 아닙니다. 따라서 얼마든지 폐지 문제를 우리가 결정할 수 있습니다. 하지만 미사보가 우리 심성에 맞지 않을 때, 즉 우리 상징 체계와 맞지 않을 때 그렇게 해야 할 것입니다.

 만일 미사보가 그리스도와의 혼인을 드러내는 표지로 남아 있다면, 이를 없애기보다 오히려 더 장려해야 할 것이 아닌지요? 우리 인간은 결국 상징을 통해서 우리 마음을 전달하는 존재가 아닙니까?

주일(主日) 또는 일요일(日曜日)?

얼마 전 TV에서 방영된 한 광고가 문제가 된 적이 있었습니다. 그 광고를 낸 회사는 개신교 신자들이 중심이 되어 설립된 까닭에 주일인 일요일에는 일을 하지 않습니다. 따라서 광고에서도 "주일에는 쉽니다"라고 말하였던 것인데, "주일"이란 말이 특정 종교를 가리킨다고 해서 말썽이 생겼던 것입니다.

일요일

인간이 쉬지 않고 일한다는 것은 사실상 불가능합니다. 따라서 일정한 기간 일하고 난 다음에는 노예들마저 쉴 수 있도록 배려하였음을 고대 역사를 살펴보아도 알 수 있습니다. 가장 보편적인 방식은 6일 일하고 하루 쉬는 방식으로서, 우리는 창세기에 나오는 창조 이야기에서도 이러한 방식을 찾아볼 수 있습니다.

일요일은 쉬는 날

일 년을 12달로 나누고 다시 한 달을 4주로 나누며, 한 주는 다시 7일로 나누는 방식을 채택한 문화권에서는 일반적으로 일요일에 휴식을 취하는 제도를 받아들여 왔습니다. 이때의 일요일은 다른 특별한 의미를 가지고 있다기보다 그저 엿새 일한 다음 기력을 회복하기 위하여 하루 쉰다는 뜻이 들어 있었습니다.

일요일과 종교적 휴식의 날

일요일을 쉬는 날로 정한 문화권에서는, 자연히 일요일이

신에게 예배를 드리는 날로 발전되었습니다. 이에 반해서 유대교는 토요일을 안식일로 선포하면서, 이날은 하느님이 엿새 동안 창조하신 다음 쉬신 날이므로 모든 이는 안식일을 주님의 날(=주일)로 지켜야 한다는 법을 제정하였습니다. 다른 한편 이슬람교는 금요일을 쉬는 날로 정하고 이 날을 알라 신에게 바치도록 명하고 있습니다. 이렇듯이 일요일이 자동적으로 예배를 드리는 날이 된 것은 아님을 알 수 있습니다.

일요일이 주일이 되다: 그리스도교 신앙

안식일, 즉 토요일이 쉬는 날이자 하느님께 예배를 드리는 날로 되어 있는 유대교에 바탕을 두고 태어난 그리스도교가 일요일로 이 안식일을 대치한 데는 여러 이유가 있습니다. 가장 두드러진 까닭은, 안식일 다음날, 즉 일요일에 예수님이 부활하셨고, 그후 제자들에게 발현하신 것도 안식일 다음날인 일요일이며, 성령을 보내신 날도 일요일이었기 때문입니다.

예수를 그리스도, 즉 우리를 구원하러 오신 구세주로 믿는 그리스도인들이, 인간 예수가 그리스도이심을 뚜렷이 드러내주는 사건들이 일어난 일요일에 관심을 집중시킨 것은 당연하다 하겠습니다.

그리스도교 신앙으로서의 주일

그리스도인들이 일요일을 주일로 부르는 데는, 이날에 그리스도교 신앙의 핵심을 이루는 사건들이 일어났고, 이날을 주님께 바치며 예배를 드렸기 때문입니다.

일요일이란 명칭이 단순히 쉬는 날이라는 의미만을 가지고 있음에 비해 주일은, "예수는 나의 주님"이라는 신앙고백이라 할 것입니다. 사정이 이러하기에 우리 그리스도인들은 "일요일"이란 말 대신 "주일"이란 말을 사용합니다.

우리는 어떻습니까? 내게는 일요일이 "주일"입니까, 아니면 단순히 휴식을 취하는 날로서의 "일요일"입니까? 또 "주일"이라 말하면서 그에 걸맞은 하루를 보내고 있습니까?

기쁨을 안고 있는 사순절(四旬節)

"사순절"하면 사람들은 먼저 참회와 회개를 생각하며, 어느 정도는 우울한 시기라는 느낌을 갖게 됩니다. 마치 봄을 맞기 전 거치는 겨울의 음산함과 같이. 하지만, 사순절이 그렇게 우울하기만 한 시기일할까요?

사순절의 유래와 그 말뜻

사순절의 유래는 정확하게 알 수 없습니다. 단지 2세기 이래로 하루 또는 2~3일 동안 단식하면서 부활을 준비하는 관행이 있었다는 것과, 시간이 흐르면서 각 지역에 따라 서로 다른 준비 기간을 가졌다는 것을 알고 있을 따름입니다.

4세기말 로마 교회는 부활 전 40일을 부활 준비기간으로 정하였습니다. 바로 여기서 40일 동안의 기간임을 뜻하는 "사순절"이라는 말이 나왔습니다.

물론 여기서 40이라는 숫자는 상징적 의미를 가지고 있는데, 예를 들어 이스라엘 백성이 시나이 사막에서 40년 동안 머무르며 하느님 백성으로 새로이 태어난 사실, 엘리야가 호렙 산에서 40일간 단식과 기도를 하며 하느님을 만날 준비를 하였다는 것, 더 결정적으로는 예수님이 세례 후 공생활을 하시기 전 광야에서 40일간 단식과 기도로 사시던 중 유혹을 받으신 사건을 연상시킵니다.

한마디로 말해서 40이란 숫자는 하느님과 만나기 전, 또는 하느님의 백성으로 새로 태어나기 위해 거쳐야 할 정화와 준비의 기간을 상징적으로 뜻한다 하겠습니다.

사순절의 시작과 끝은 언제인지에 대하여

사순절이 40일 동안의 시기를 뜻함에 따라 사람들은 부활 전 40일째를 사순절의 시작으로 여겼습니다. 그런데 아직 성삼일(성 목요일 만찬 미사부터 부활 주일까지의 시기)을 잘 이해하지 못하였기에 부활 주일 바로 전까지, 다시 말해서 성 토요일까지 사순절로 여겼습니다. 나아가 주일은 주님이 "부활하신 날"이라는 신학 때문에 단식을 금하였고, 사순절의 40일에 포함되지 않았습니다. 이리하여 부활 전 6주간이 42일이지만 주일을 빼면 36일밖에 안되므로 바로 그전 주(週)의 4일간을 포함시켜 40일을 만들었습니다. 바로 여기서 사순절의 시작은 바로 부활 전 7주의 수요일로 여겼고, 이날 재를 뿌리는 예식을 통하여 사순절 시작을 알렸으므로, 이날을 "재의 수요일"이라고 부르는 것입니다. 이러한 변화는 5세기경 이루어졌습니다.

그러나 비오 12세 교황에 의하여 성삼일의 본뜻이 되살아 나게 되어(1955년), 사순절은 성 목요일 오후에 열리는 "만찬 미사" 바로 전까지만 포함하게 되었습니다. 이로써 재의 수요일부터 성 목요일 만찬 미사 전까지가 사순절이라 하겠습니다.

사순절의 의의

첫째, 사순절은 부활 축제를 준비하는 기간입니다. 초대 교회는 단식과 참회 및 기도로써 부활절을 준비하였고, 이러한 정신이 사순절의 전례 안에 많이 배어 있습니다. 초대 교회의 관습에 의하면, 중죄를 지은 이가 자신의 죄를 주교와 공동체 앞에 공적(公的)으로 고하면 주교는 참회 기간을 정해 주었습니다. 참회자는 "재의 수요일"에 참회복(공적 참회자임을 알려주는 복장)을 정식으로 입고 공적 참회에 들어가는데, 그 사람에게는 영성체가 금지되었습니다. 성 목요일 오전에 이러한 참회자들과 교회 공동체간의 화해 예식이 이루어지며, 이로써 참회자들은 정식으로 부활 축제에 참여하는 기쁨을 갖게 되었습니다. 이같은 공적 참회와 공적 화해가 이 사순시기에 이루어짐으로써 사순절이 단식과 기도로 파스카를 준비하는 시기라는 점보다 죄의 용서를 위한 고행과 보속의 시기라는 점이 더 강조되었고, 이에 따라 갖가지 형태의 고행 방식이 퍼져 나갔던 것입니다. 하지만 공적 참회와 공적 화해 예식이 없어진 지금, 사순절의 본래 뜻을 다시 찾아야 할 것입니다.

둘째, 아주 이른 시기, 적어도 5~6세기부터 사순절은 파스카 밤에 이루어질 세례를 준비하는 기간으로 여겨졌습니다. "사순 제3주일"에는 사마리아 여인과의 대화에서 예수님은 당신이 생명을 주는 물임을(요한 4,5-42), "사순 제4주일"에는 태생 소경의 치유를 통하여 광명을 주시는 분으로 드러나시고(요한 9,1-41), "사순 제5주일"에는 라자로의 부활을 통해 생명을 주시는 분으로 당신을 드러냅니다(요한 11,1-45). 이같은 말씀 전례를 통하여 세례를 받는다는 것은 생명수를 마시고 빛을 받으며, 영원한 생명을 얻는 것이라는 사실을 전해 줌으로써 세례의 본뜻을 새기게 합니다. 이러한 구성은 현재 사순절 "가해"에 그대로 나타나 있으며, 이때문에 교회는 파스카 밤에 세례가 없다 하더라도 신자들이 자신들의 세례를 상기하도록 "나해"와 "다해"에도 "가해"의 말씀 전례를 따를 수 있다고 말하는 것입니다.

결론적으로 이야기하자면, 사순절은 부활을 준비하는 기간으로서 고행 자체에 강조점이 있는 것이 아니라 부활을 제대로 맞이하기 위한 준비, 즉 정화와 성화(聖化)의 시기라는 데에 있습니다. 이 점에서 사순절은, 세례 준비와 자신의 세례 때를 상기해 봄으로써 진지한 자세로 자신을 돌아보고 죄를 뉘우치는 가운데 그에 합당한 보속 행위를 통하여 주님의 파스카 신비, 주님의 수난과 죽음, 부활에 참여하도록 준비하는 시기라 하겠습니다.

오랜만에 먼 출장길에서 돌아오는 남편을 맞이하는 가정주부는 기쁨을 안고 집 안팎을 깨끗이 정돈할 것입니다. 마찬가지로 주님의 부활을 준비하는 우리도 몸과 마음을 깨끗이하고 극기와 희생을 통하여 기쁨중에 주님의 수난에 참여해야 할 것입니다.

기쁨을 안고 있는 사순절(四旬節)

파스카 시기

명칭 문제: 파스카 또는 부활?

우리는 흔히 "부활 주일"이라느니 또는 "부활시기"라는 표현을 예사로 사용하지만, 교회의 공식 전례서는 "파스카 주일" 또는 "파스카 시기"라는 말을 사용합니다. 파스카라는 말은 히브리어에서 나온 말로, 그 원래 뜻은 "지나가다, 건너가다"입니다.

우리나라에서 이 "파스카"를 "부활"이란 말로 바꾼 것은 아마, 파스카 시기의 주제가 바로 예수님의 부활이기 때문인 듯합니다. 엄밀히 말해서 부활은 파스카 시기의 주제 중 하나입니다. 그러나 파스카가 곧 부활은 아닙니다. 그 이유를 알기 위해서 우리는 먼저 파스카의 본래 뜻을 알아야 할 것입니다.

파스카(구약의 파스카)

원래 파스카는 히브리인이 에집트에서 탈출하여 계약을 맺고 하느님의 백성이 된 것을 기념하여 지내는 축제로서, 우리나라 성서에는 "과월절"과 "무교절"로 번역된 이스라엘의 두 축제를 모두 가리킵니다. 이 모두는, 모세의 인도로 에집트를 탈출할 때 이스라엘 사람들은 시간이 없어 "누룩 안 든 빵"을 준비하고(무교절), 또 어린양을 잡아 그 피를 문설주에 바름으로써 죽음의 천사가 그냥 지나갔던 것을 기념하며(과월절), 시나이 사막에서는 어린양을 잡아 그 피를 뿌리며 하느님과 계약을 맺은 일을 기억하는 축제입니다. 이는 곧 종살이에서 해방으로의 건너감, 죽음에서 생명으로 건너감, 종에서 하느님의 백성으로 건너감을 기념하면서 이렇게 이루어진 구원이 완전히 성취되는 날을 고대하는 축제였으니, 이것이 구약의 파스카입니다.

파스카(신약의 파스카)

예수님도 바로 이 파스카 축제를 지내는 동안 최후 만찬을 거행하시면서 성체성사를 세우셨는데, 이는 바로 며칠 후 당신의 십자가에서의 죽음을 만찬 형태를 빌려 미리 앞당겨 지내신 것입니다. 구약의 파스카에서 어린양의 피로 하느님과 계약을 맺었듯이, 신약에서는 "모든 사람의 구원을 위하여" 십자가에서 흘리신 예수님의 피(죽음)로 하느님과 "새로운 계약"을 맺음으로써 우리는 죄의 종으로부터 하느님의 백성으로 건너갔고 따라서 죽음에서 생명으로 건너가게 된 것입니다. 이것이 신약의 파스카입니다.

그리스도교 파스카 축일의 기원

성서에 근거하여 살펴볼 때 성령강림 이후부터 파스카 축일을 지낸 듯합니다. 기록상으로는 2세기에 이미 파스카 축일을 지냈고, 첫 보편 공의회였던 니체아 공의회(325년)에서는 춘분 후의 보름 다음에 오는 주일에 파스카 축일을 지내도록 명시하였고, 이러한 관행은 지금까지 온 세계에서 계속되고 있습니다.

파스카 시기의 시작과 끝은?

위에서 보았듯이 파스카 시기가 결코 예수님의 부활만을 축하하는 시기가 아니라, 인간을 구원하기 위해 돌아가신 그리스도의 행적과 신비 전체를 돌아보는 시기이기 때문에, 넓은 의미로는 파스카를 준비하는 시기인 사순시기부터 파스카 시기가 시작된다고 할 수 있습니다. 하지만 좁은 의미의 파스카 시기는 성 목요일의 오후에 이루어지는 "주의 만찬 미사"가 그 시작이며, 파스카 축일의 주일부터 50일 후가 되는 성령강림절로써 파스카 시기가 끝납니다.

성삼일(성 목요일, 성 금요일, 성 토요일, 파스카 주일)

한때 성 토요일까지 사순절에 포함된다고 보았으나, 이는 잘못된 신학에 근거하여 중세 때 그렇게 된 것으로서, 지금은 성삼일이 바로 파스카 축일입니다. 다시 말해서 성삼일은, "삼 일에 걸쳐 지내는 파스카 축일"이라고 할 수 있습니다. 이 성삼일에 우리는 그리스도께서 겪으신 사건을 역사적 순서에 따라 지내는데, 이러한 관행은 4세기부터 시작되었습니다.

 원래 성삼일은 성 금요일(예수님의 수난과 죽음), 성 토요일(무덤에 묻히심), 주일(부활)을 가리켰으나, 4세기에 최후 만찬을 함께 지내게 됨으로써 성 목요일의 만찬 미사까지 포함하게 되었던 것입니다.

성탄시기

본당 전교수녀입니다. 매년 성탄 장식을 하는 시기에 대해 나름대로 고민하는데, 이에 대한 확실한 지침이 없어서 본당마다 조금씩 다른 관행을 보게 됩니다. 성탄 장식은 언제부터 하고 또 언제 치우는 것이 좋은지요?

성탄시기의 시작과 끝

먼저 성탄시기 자체에 대하여 간단히 알아보는 것이 좋을 것 같습니다. 성탄시기는 두 부분으로 나누어집니다. 먼저 12월 25일의 성탄을 중심으로 해서 성탄을 준비하는 시기인 대림절과 12월 25일 이후부터 시작되는 좁은 의미의 성탄시기가 바로 그것입니다. 좁은 의미의 성탄시기도 12월 25일부터 1월 6일의 "주의 공현 대축일"(우리나라에서는 1월 2일부터 8일 사이에 오는 주일에 지냄) 이전까지의 시기와 공현부터 "주의 세례 축일"까지의 공현시기 두 부분으로 나눠집니다.

성탄과 공현의 뜻

성탄과 공현은 서로 다른 지역에서 거의 비슷한 시기에 생겨난 쌍둥이 축일로서, 이 두 축일은 의도하는 바가 같으며 또 동일한 목적으로 생겨났다고 할 수 있습니다.

성탄은 로마에 그 기원을 두는데, 로마의 동지인 12월 25일에 행해지던 태양신 숭배를 물리치고 그리스도야말로 참 태양임을 드러내기 위해서 4세기부터 예수 성탄을 지내게 되었습니다. 한편 에집트의 알렉산드리아에서는 1월 5일과 6일 사이의 밤에 시간과 영원의 신(神) 에온의 탄생을 경하하는 축제가 있었고 또 이미 2세기에 예수의 세례를 이날 기념하면서 예수가 처음부터 하느님의 아들이었던 것이 아니라 세례를 통해서 비로소 하느님의 아들이 되었다고 주장하던 이단이 있었습니다. 알렉산드리아 교회는 이러한 이교도의 풍습과 이단을 물리치기 위해서 1월 6일에 예수의 탄생을 기리다가 곧이어 예수의 세례와 가나 혼인 잔치에서의 첫번째 기적도 함께 기념하게 되었습니다.

4세기에 동방 교회 성탄(1월 6일)과 서방 교회 성탄(12월 25일)이 서로 교류되면서 서방 교회는 12월 25일에는 예수 성탄을, 1월 6일에는 예수님이 하느님으로 드러난 사건들인 세 현인의 방문과 예수의 세례 및 가나 혼인 잔치에서의 기적을 지내게 되었습니다.

"주의 세례 축일"로 성탄시기가 끝남

"주의 공현 대축일" 다음에 오는 첫번째 주일에는 예수 세례를 기념하면서 성탄시기를 마칩니다. 성탄시기는 하느님이 사람이 되심을 기리면서 예수가 바로 하느님의 아들이심을 드러내는 대표적 사건들을 함께 기념하는 시기입니다. 그러기에 하느님의 아들로 공적으로 드러난 사건인 예수 세례를 이 시기에 지내는 것입니다.

사정이 이러하다면 성탄 장식을 언제 치우는지는 분명하다고 하겠습니다. 성탄 장식이 예수님의 탄생을 경하하기 위한 것이라면 당연히 "주의 세례 축일"까지 성탄을 지내야 할 것입니다.

불행히도 사람들은 12월 25일이 지나면 더 이상 성탄을 생각하지 않는 것 같은데, 아마도 이는 백화점이나 상인들의 상업주의적 사고에서 영향을 받지 않았나 싶습니다. 세상 사람들이 12월 25일로 성탄 대목을 마감한다고 해도 그리스도인들은 오히려 12월 25일을 시작으로 "주의 세례 축일"까지 예수님의 탄생과 그분께서 자신을 우리에게 드러내신 신비를 묵상해야 할 것입니다.

전례의 토착화는
왜 필요한가?

　교회 전례가 우리나라 실정에 맞게 토착화되어야 한다는 취지의 강의에 참여한 적이 있었습니다. 우리 고유 문화가 우리 예배에 도입되어야 한다는 의견에 공감이 갔습니다. 그러나 일부에서는, 우리나라가 이미 서구화된 지 오래인데 무슨 토착화인가 하고 의문을 제기하기도 합니다. 전례의 토착화 작업은 왜 필요한지에 대해서 의견을 듣고 싶습니다.

우리나라는 이미 서구화된 사회?
　한국 교회 안에서 전례의 권위자로 널리 알려진 분이 계십니다. 이분이 한 교회 언론과의 인터뷰에서 다음과 같은 요지의 말씀을 하신 것을 읽은 적이 있습니다: 우리나라는 경제적·사회적으로뿐만 아니라 사고방식까지도 이미 서구화되어 있으며, 심지어 의식주까지도 서양식으로 변하였습니다. 따라서 서양적인 것이 우리에게는 더 이상 낯선 것이 아닙니다. 이 점은 교회의 건축이나 전례 예식에 있어서도 마찬가지라고 생각합니다. 신자가 아닌 사람이 교회에 처음 들어올 때는 조금 어색할지는 몰라도 시간이 지나면 자연스럽게 동화될 수 있는 것입니다.

　우리 고유의 종교인 불교를 생각해 보십시오. 신자가 아닌 사람에게는 여전히 낯설게 느껴지지 않습니까?

　따라서 시간이 해결해 줄 문제를 가지고 토착화라는 미명하에 일을 복잡하게 만들고 더구나 교회의 전통까지 해치는 것은 옳지 못합니다. 이미 신자들에게 눈에 익은 것이 되어 버린 것들을 무엇때문에 버려야 합니까? 갓 쓰고 도포 입고 미사를 드린다고 해서 신자들이 편하게 느낀다고 주장할 수는 없지 않습니까?

서구화된 우리 사회, 그러나 우리는 …
 산업화가 이루어지면서 우리나라가 의식주뿐 아니라 사고 방식까지 어느 정도 서구화된 것은 사실입니다. 실제로 많은 사람들이 우리 전통 문화가 무엇인지도 잘 모르고 있으며, 기껏해야 민속 명절 때나 잠시 구경할 수 있는 것이거나 박물관에서 찾아볼 수 있는 유물이라고 생각할 정도로 우리 전통 문화가 상당히 많은 부분 감춰진 것도 숨길 수 없는 사실입니다. 우리가 살고 있는 집들도 이미 서구식으로 바뀐 지 오래고 전통 한복을 입고 있는 모습은 고급 음식점이나 시골 또는 명절에나 볼 수 있을 정도입니다. 우리의 사고 방식, 행동 양식도 이에 못지않음을 잘 알 수 있습니다. 남에게 피해를 주지도 않고 나 역시 다른 사람들로부터 간섭을 받고 싶지 않다는 개인주의적 사고를 가진 사람이 우리 주위에 얼마나 많습니까?
 상황이 이러함에도 불구하고 우리는 서양인이 되지 못하고 여전히 한국인으로 남습니다. 유럽에 사는 교포나 유학생들이 그곳 사람들과 똑같이 행동하고 생각하려고 아무리 노력하더라도 여전히 그들과는 거리가 남게 되는 것이 일반적입니다.
 우리가 아무리 감추고 숨기려 해도 우리 정서 밑바닥에는 여전히 한국인의 피가 흐르기 때문입니다. 외국에서 자라나 그곳에서 자라지 않는 한 어릴 적에 몸에 스며든 한국적 정서는 그 무엇으로도 없애기가 힘들 정도로 은근하면서도 끈기가 있게 마련입니다.

전통 문화로 표현되는 전례
 전례는 하느님께 드리는 교회의 예배입니다. 이 예배의 핵심 내용은 예수 그리스도의 수난과 죽음 그리고 부활로 이루어진 파스카 신비입니다. 그런데 이 파스카 신비를 표현할 도구는 무엇이겠습니까? 그것은 자기네가 살고 있는 지역의 문화가 배어 있는 행동 양식, 의복, 습관 등이 아니겠습니까?

바로 이때문에 전례는 지역과 시대에 따라서 외적으로 서로 다른 모습을 갖게 되었던 것입니다. 똑같은 내용(파스카 신비)을 표현하는 방식이 각 민족에 따라 또 시대에 따라 다르다는 것은 이처럼 지극히 당연한 일인 것입니다.

우리 천주교가 지금은 전세계적으로 똑같은 모양의 전례를 가지고 있기에 전례란 전혀 변하지 않는 것이라고 생각하는 사람도 있지만, 사실 이렇게 하나의 모습을 갖추게 된 것은 불과 400년 전의 일이며, 그 이전에는 로마 교회에 속하면서도 다른 양식의 전례가 여러 가지 있었던 사실을 우리는 역사를 통해 잘 알고 있습니다. 또 현재의 전례가 400년 전과 하나도 다르지 않는 그러한 것이 아니며, 시대에 따라, 학문의 발전에 따라 조금씩 변모해 온 것을 감안한다면 불변하는 전례란 존재하지 않는 것입니다.

서양에서 가장 맛있다고 여겨지는 치즈에서는 오랫동안 씻지 않은 발에서 나는 것과 거의 같은, 아주 고약한 냄새가 납니다. 따라서 우리 한국인이 먹기에는 많은 인내심이 필요합니다. 마찬가지로 서양인이 우리 김치를 두고 코를 막는 것 역시 우리에게는 그렇게도 소중한 김치가 그들에게는 고약한 냄새덩어리 정도로밖에는 여겨지지 않기 때문입니다. 이것이 바로 문화의 차이입니다.

유럽에서는 당연시되는 전례의 표현 양식들이 우리에게는 어색한 것이 될 수도 있는 까닭은 바로 이러한 문화의 차이 때문인 것입니다.

하느님은 세상의 창조주

우리는 하느님이 온 세상을 창조하신 분이심을 믿는다고 사도신경을 빌려 매주일 미사 때마다 고백합니다. 이 말은 이 세상에 존재하는 모든 것은 다 하느님의 피조물이라는 사실과, 하느님이 창조하신 모든 것은 다 좋은 것이라는 사실을 말하는 것입니다. 또 하느님이 인간에게 이 세상을 맡기셨다는 것은, 당신이 만드신 좋은 것을 보존, 발전시키라는 뜻입니다. 이러한 사실로써 우리가 알 수 있는 것은, 우리 민족도 하느님의 피조물이요, 우리 안에 간직되어 있는 전통 문화 역시 하느님으로부터 받은 선물로서, 알고 있든 모르고 있든 상관없이 우리는 하느님으로부터 받은 이 전통 문화를 보존, 발전시킬 임무를 가지고 있다는 사실입니다. 바로 여기에, 왜 하느님을 찬미하는 수단인 전례가 우리 문화로 이루어져야 하는지, 다시 말해 전례의 토착화가 왜 필요한지에 대한 근거와 이유를 발견할 수 있습니다.

우리가 서구화되어 있으므로 토착화가 필요하지 않은 것이 아니라, 바로 그때문에 토착화는 필요합니다. 서구화가 되어 있다는 것은, 하느님이 우리 민족에게 주신 선물인 전통 문화를 그만큼 잃어버렸다는 것을 말해 줍니다. 따라서 그것을 보존하고 발전시키기 위해서라도 우리 문화로 하느님을 찬미하고 또한 파스카 신비를 우리나라에 선포할 수 있도록 전례의 토착화를 이루는 것은 지극히 당연하고도 필요한 일인 것입니다. 다시 말해 토착화는 해도 좋고 안해도 좋은 그런 것이 아니라 하느님이 우리에게 주신 과제라고 해야 할 것입니다.

전례의 토착화를 위한 준비

전례의 토착화가 왜 필요하며 그 근거는 어디에서 찾아볼 수 있는지에 대한 글을 읽고 많은 부분에 걸쳐 수긍이 갔습니다.

하지만 서양에서 발달하여 서양 선교사들에 의해 우리에게 전해진 로마 전례에 이미 깊이 젖어 있는 우리나라에서 토착화 작업을 펼쳐나가려 할 때 많은 어려움이 뒤따르리라고 봅니다.

예상되는 어려움을 극복하면서 우리 실정에 맞는 전례가 이루어지도록 하기 위해서는 어떤 식으로 준비해야 될까요?

두 형태의 극단적 태도

토착화 작업을 전개하려 할 때 두 가지 극단적 태도를 쉽게 발견할 수 있습니다.

하나는, 토착화란 우리에게 있어 필요없다는 태도입니다. 우리나라가 이미 충분히 서구화되었기 때문에 서양에서 발달한 전례라 하더라도 아무런 거부감 없이 받아들일 수 있는데 굳이 새 형태의 전례를 만들 필요가 있느냐는 것이 그들의 주장입니다.

다른 또 하나의 극단적 태도는, 서양 것은 무조건 배척하고 우리 고유의 말과 예식으로 하느님을 예배하자는, 다소 국수주의적 민족주의 냄새를 풍기는 태도입니다.

조금 덜 급진적인 사람들은 서양 전례의 큰 틀은 그대로 놔두면서도 세부적인 데에 있어서는 거의 아무런 비판 없이 우리 전통적 요소들을 받아들이기도 합니다. 언젠가 어느 신부님께서 농민들을 위한 미사를 할 때 빵과 포도주 대신 막걸리와 떡을 사용하고, 성가 대신 민요를 부른 것은 이런 예의 하나일 것입니다.

준비되지 않은 개혁은 실패한다

한 목사님께서 당신이 일하고 있는 교회 건물이 낡아서 교회 지도층 인사들과 협의하여 새 교회를 짓기로 결정하고 성전 설계를 전문가에게 맡겼습니다. 이 일을 맡은 건축가는 우리나라 어디에서나 볼 수 있는, 첨탑이 있는 고딕식 양식 대신 과감하게 노아의 방주를 연상시키는 아주 현대적인 건축을 설계하였습니다. 목사님의 주도로 그 설계를 받아들인 교회 건축위원회는 주일 예배 때 신도들에게 새 성전의 조감도를 보여주면서 교회 신축을 위한 헌금에 동참해 줄 것을 호소하였습니다. 그런데 신도들의 반응은 아주 냉담하였습니다. 그들의 눈에 익은 성전 모습이 아니었기 때문이었습니다. 신도들을 설득해 보아야 소용없음을 깨달은 목사님은 일단 교회 신축에 관한 이야기를 하지 않고, 대신 새 성전의 조감도를 신도들이 교회에 들어오면 꼭 거치게 되는 게시판에 붙여 두었습니다. 몇 달이 지난 다음 목사님은 설교 시간에 성전 건축을 위한 헌금에 동참할 것을 호소하면서, 새 성전은 게시판에 붙어 있는 조감도와 같은 것임을 밝혔습니다. 이번에는 신도들이 아무런 거부감 없이 그 조감도를 받아들였고 이에 성전을 무사히 지을 수 있었습니다. 같은 설계의 성전에 대해 처음에는 반대하던 신도들이 왜 찬성하게 되었는가 하고 의아해 하는 사람에게 목사님은 이렇게 말했습니다. "누구나 낯선 것은 싫어하는 법입니다. 새 성전이 현대적인 것이라서 처음엔 거부 반응을 보였지만, 매주일 교회에 들어오고 나가면서 게시판에 붙은 새 성전 조감도를 보게 되니까 나중엔 그 조감도가 낯설지 않게 느껴지게 된 거지요."

같은 말을 우리는 토착화 작업에 대해서도 적용할 수 있을 것입니다. 대부분의 신도들은 기존의 로마 전례에 익숙해져 있습니다. 따라서 그들은 새로운 양식의 전례에 대해 본능적으로 저항을 느끼게 되어 있습니다. 이러한 사정을 무시하고 무조건 우리 고유의 것을 전례에 도입할 때 많은 사람들이 이에 반발하게 될 것이고, 그 결과 본래의 좋은 의도 대신 교회 안에 분열과 어색함만을 낳게 되어 실패하게 됩니다. 우리나라 교회에서도 일부 사람들이 전례의 토착화 작업을 시도하였지만 그것이 반대에 부딪히거나 별로 좋은 반응을 얻지 못한 까닭은 아직 이러한 작업의 의미를 대부분의 사람들이 알지 못하고 감정적으로 거부하였기 때문입니다. 준비되지 않은 개혁, 소수의 선각자에 의해 일방적으로 이루어지는 개혁은 대부분 실패한다는 것이 역사의 교훈입니다.

1단계: 의식(意識)의 토착화

교회 구성원 대다수가 토착화의 필요성을 느끼지 못할 때는 그 일을 성공적으로 해나가기가 사실상 매우 어렵습니다. 이때문에 전례가 무엇이며, 전례의 토착화는 왜 필요한지에 대한 교육이 먼저 이루어져야 합니다. 즉, 한국 교회의 구성원 대다수의 의식이 먼저 바뀌지 않는 한 전례의 토착화는 부분적으로만 이루어질 수 있을 뿐, 진정한 의미의 토착화는 거의 불가능하다고 할 수 있을 것입니다. 이 장에서는 우리 자신이 전례 토착화의 당위성에 대해서 확신을 가져야 한다는 정도로 이야기를 맺을까 합니다.

2단계: 로마 전례를 알자

우리 한국 교회가 로마 교회에 속해 있다고 해서 언제나 로마 전례를 있는 그대로 따라야 하는 것은 아닙니다. 이미 제2차 바티칸 공의회는 각 민족이 자기네 고유의 문화적 자산에 따라 하느님을 예배할 수 있음을 선언한 바 있습니다. 그렇지만 로마 전례 자체를 무시할 수는 없는 것이, 우리의 토착화 작업을 무(無)에서 시작할 수는 없기 때문입니다.

현재의 로마 전례도 사실상 2,000년이란 세월을 통해 수많은 변천을 겪어오면서 시대에 맞게 하느님께 예배를 드리고자 노력한 결과입니다.

따라서 로마 교회와 로마 전례의 역사를 제대로 알 때 우리가 우리 문화 자산으로 하느님을 예배하는 과정에 있어 만나게 될 많은 문제점들을 미리 내다보고 그 해결책을 찾을 수 있을 것입니다. 또한 현재 우리가 지내는 로마 전례를 이루는 각 요소가 뜻하는 바가 무엇인지 알게 되면 어떤 부분을 어떻게 우리 식으로 표현할 수 있는지 방향을 잡을 수 있습니다.

로마 전례라 해서 처음부터 같은 모양으로 이루어졌던 것은 아닙니다. 시간이 지나면서 로마 교회의 영향력이 로마뿐 아니라 북유럽에까지 미치게 됨에 따라, 라틴 문화가 다른 문화들과 만남에 따라 로마 전례는 끊임없이 나름대로 토착화 작업을 거쳐 왔습니다. 이때문에 제2차 바티칸 공의회 이전의 전례는 2,000년에 걸쳐 여러 요소들이 혼합된 형태의 것이라 할 수 있었습니다. 이후에 전례 개혁을 통해 순수한 로마 전례에로 복귀하고자 시도하였지만, 그리 쉬운 일은 아니어서 현재의 로마 전례 안에도 여러 문화적 요소들이 많이 들어 있습니다.

이같은 이차적이고 그다지 중요하지 않은 요소들을 제거한 순수한 로마 전례, 파스카 신비를 가장 단순하게 표현한 고전 로마 전례는 우리 토착화 작업을 위한 밑거름으로 사용될 수 있습니다.

따라서 우리는 로마 전례가 북유럽의 여러 문화적 요소들과 결합하기 이전의 형태, 즉 4~8세기의 고전 로마 전례를 제대로 아는 작업을 먼저 진행시켜야 할 것입니다.

3단계: 우리 문화를 알자

궁극적으로 토착화는 우리 문화로 하느님을 찬미하자는 것입니다. 토착화에 대한 필요성을 느끼면서도 그 작업을 시도함에 있어 어려움을 겪는 이유 가운데 하나는 우리 자신이 우리의 문화를 잘 알지 못한다는 점입니다. 현대 사회 안에서 고유 문화는 많은 경우 그 형태를 온전히 유지하지 못하고 있으며, 어떤 경우는 외래 문화의 영향을 받아 본래의 모습을 많이 잃어버려 순수한 우리 문화가 무엇인지 파악하기가 쉽지 않습니다. 그러므로 바람직한 토착화 작업을 위해서는 우리 문화에 대한 전문 연구가의 도움을 받아야 합니다. 비록 그들이 그리스도교 신앙의 입장에 서 있지 않은 사람들이라 하더라도 아무런 편견 없이 과학적인 자세로 그들의 연구 결과를 수용하여야 합니다. 이렇게 할 때 참된 민족 문화로써 하느님을 찬미하는 소기의 목적을 향해 나아갈 수 있을 것입니다.

모든 문화가 그러하듯 우리 문화 안에도 부정적 요소와 긍정적 요소가 섞여 있게 마련입니다. 따라서 우리는 우리 문화에 대한 철저한 연구를 통해 숨겨진 보물을 발굴, 발전시켜야 할 것이고, 그렇지 못한 것은 다른 문화의 좋은 점으로 보완, 개선한다는 열린 마음으로 토착화 작업에 임해야 할 것입니다.

전례의 단계적 토착화

제2차 바티칸 공의회 이전에는 예식서에 나와 있는 그대로 전례를 거행해야만 했습니다. 만일 예식서가 지시하는 것과 다르게 할 때에는 아주 큰일이 나는 줄로 알았습니다. 따라서 사제들은 예식서에 빨간 글씨로 적혀 있는 지침 사항을 글자 그대로 이행하는 데 온 신경을 써야 했습니다. 이 지침 사항이 빨간 글씨로 되어 있다고 해서 홍주(紅註)라고 하며, 이렇게 홍주를 중시하는 풍조를 "홍주주의"(紅註主義)라 하여, 주위 상황을 무시한 예식중심주의를 일컫는 말이 되었습니다.

로마에서 공부할 때 교수 신부님으로부터 들은 이야기입니다. 제2차 바티칸 공의회 이전에는 미사중 감사기도문을 라틴어로 바쳤는데, 이때 발음이 하나라도 잘못될 경우 처음부터 다시 감사기도문을 읊어야 할 정도였다고 합니다.

제2차 바티칸 공의회 이후에 나온 예식서들은 더 이상 이러한 홍주주의에 매이지 않고 민족과 문화에 따라 예식을 어느 정도 변경시킬 수 있는 자유를 제공하고 있습니다.

이때문에 바티칸에서 펴낸 라틴어 예식서들은 한결같이 "editio typica"라는 말을 달고 있는데, 이는 이 예식서가 다른 나라의 예식서들을 펴낼 때 참고가 되는 모범판, 표준판이라는 뜻입니다.

아쉽게도 우리나라는 라틴어판을 그대로 번역하고 있으나 언젠가는 우리 실정에 맞는 예식서가 출판되어야 할 것입니다. 그날을 위해 우리는 예식서 자체에서 출발하여 토착화의 가능성을 구체적으로 살펴보고 그것을 실행에 옮길 수 있어야 합니다.

이제 구체적으로 어떻게 토착화 작업을 해나가야 할 것인지에 대해 살펴보겠습니다.

1단계: 전례를 거행하는 공동체 차원의 토착화

여기서 말하는 1단계 토착화란 교도권의 특별한 허락을 받지 않고도 전례를 드리는 공동체 차원에서 실행할 수 있는 것을 말합니다. 이러한 토착화 가운데 먼저 전례 주례자인 사제가 능동적으로 할 수 있는 것들을 들 수 있습니다. 전례 개혁 이후에 나온 예식서들의 특징 가운데 하나는, 예식을 거행할 때 주례자가 주위 환경이나 모인 사람들의 특성에 맞게 예식의 형태를 어느 정도 변형시킬 수 있는 유연성을 부여하였다는 점입니다. 예를 들어 성찬례(미사)의 입당 예절중, 사제가 신자들에게 인사하는 방식이 여러 가지 제시되어 있고, 사제는 이 가운데 하나를 선택하여 사용할 수 있는데, 이때 사제는 미사경본에 제시된 양식 외에도 다른 방식으로 신자들에게 인사를 할 수 있습니다. 모인 신자들이 주로 청년일 때와 어린이일 때 그리고 노인 위주의 모임일 때 주례자가 상황에 따라 조금 다르게 하는 것은 전례의 활성화를 위해서 바람직하다 하겠습니다.

사제가 개인적으로 주도권을 가지고 하는 것 외에도 주례자인 사제가 제멋대로 한다는 인상을 피하고, 또 신자들이 전례 거행의 공동 참여자임을 인식시키기 위해서 신자들과의 대화를 통해 좀더 나은 방식의 예절들을 찾아내는 방식의 토착화도 있습니다. 본당 공동체 차원에서 주례자가 신자들과 더불어 임의로 예절을 바꿀 수 있는 자유는 예상외로 많습니다. 성찬례 안에서만 보아도, 참회 예절의 방식, 제물을 바치는 방식, 평화의 인사를 나누는 방식, 영성체하는 방식 등등.

미사곡을 선택할 때도 각 본당에 맞는 것들을 고를 수 있을 것입니다. 공동체 구성원에 따라 그 관심사도 다를 것이기에 각 본당은 자기네 실정에 맞는 신심을 도입할 수 있습니다. 성당 건축에 있어서도 마찬가지입니다. 획일적인 내부 구조에서 탈피하여 각 공동체 특성에 맞는 구조를 만들 수 있을 것이고, 제대와 감실, 독서대의 배치에 있어서도 우리 멋이 우러나올 수 있는 방식을 찾아볼 수 있을 것입니다. 그외에 미사나 세례성사, 혼인성사, 장례미사 등에 있어서 우리 식으로 표현할 수 있는 방법은 많이 있을 것입니다.

새 성가를 만들어 보급하는 것과 같이 먼저 주교회의의 허락을 얻어 시도하는 토착화도 있습니다. 이 경우에도 전례를 드리기 위해 모인 공동체는 주교회의의 허락을 얻기 전 어느 정도까지는 자기네 공동체 안에서 나름대로 시도할 수 있습니다.

2단계: 로마 예식에 각 지방의 문화적 요소를 삽입

로마 예식은 그 자체로 로마 교회에서 로마 문화를 이용하여 파스카 신비를 표현한 결과의 총체입니다. 따라서 로마 예식 안에는 파스카 신비에 관한 핵심적인 내용도 들어있지만, 다른 한편 이 신비를 그들 나름대로 표현한 요소들도 들어 있습니다. 이 문화적 요소들 가운데 우리 민족문화와 일치하지 않거나 부자연스러운 것, 또는 우리 것으로 하면 더 잘 그 의미가 드러날 수 있는 것들이 있게 마련입니다.

세례성사 때 흰옷을 입는 예식을 생각해 봅시다(지금은 흰 보자기를 머리에 씌우는 것으로 대치되고 있습니다). 여기서 흰색은 예수님의 부활과 그의 승리를, 그리스도인으로서의 품위를 상징하는 색입니다. 그런데 색에 대한 각 문화의 해석은 다르게 마련입니다. 동방 정교회에서는 그리스도의 품위를 드러내는 색은 자색입니다. 우리나라에서는 흰색이 순결도 뜻하지만 장례 때 흰옷을 입는 데서 볼 수 있듯이 죽음도 의미합니다. 반면 왕족은 노란색으로 자신들의 품위를 드러냈습니다. 이런 문화적 배경을 가지고 있는 우리로서는 세례 때 노란색 옷을 입음으로써 본래의 의미를 더 잘 드러낼 수 있을 것입니다.

혼인의 경우에도 우리 전통 혼례의 요소를 도입할 때, 좀 더 우리 정서에 맞는 전례를 이룰 수 있을 것입니다. 전례주년의 경우, 우리 민족의 큰 명절인 설과 한가위를 대축일로 정하여 지낼 때 하느님이 우리 민족과 함께해 왔다는 것을 더 잘 보여줄 수 있을 것입니다.

이처럼 로마 예식의 큰 틀은 그대로 유지하면서도 그 예식을 이루는 요소들 가운데 우리 것으로 그 의미하는 바를 더 잘 표현할 수 있는 것은 우리 것으로 바꿀 수 있습니다. 이것은 본격적인 토착화를 위한 전단계에 해당되는 것이지만, 로마 전례를 알고 또 우리 것을 알아야 한다는 점에서 토착화를 위해 꼭 거쳐야 되는 중요한 단계라 하겠습니다.

3단계: 로마 예식을 우리 전통 예식으로 대치함

혼인성사의 경우 중요한 핵심 요소는 신랑·신부의 동의와 그들에 대한 축복입니다. 「혼인예식서」 17항은 이 두 요소만 채운다면 각 나라에서 고유 혼인예식서를 만들 수 있음을 밝히고 있습니다. 입교성사를 이루는 세례와 견진의 경우에도, 어느 단체나 집단에 들어가기 전 거쳐야 하는 입문 예식을 우리 문화 안에서 찾을 수 있다면 그것으로 대치하여 새 예식서를 만들 수 있습니다. 이처럼 로마 예식 가운데 핵심적인 부분을 유지하는 조건으로 로마 예식 자체를 그 나라의 전통적 문화 안에 있는 예식으로 바꾸어 새 예식서를 만드는 것은 토착화의 최종 단계이자 진정한 의미의 토착화라 하겠습니다.

위에서 설명한 2단계, 3단계 토착화는 주교회의 차원에서 이루어지고 최종 승인은 교황청에서 하는 경우가 대부분입니다. 또 각 민족의 요소들이 부분적으로 또는 전체적으로 예식 안에 들어오기 전 그리스도교적 관점에서 재해석하는 작업이 먼저 이루어져야 합니다. 이러한 과정이 어렵고 까다로워서 많은 노력과 시간이 필요한 것은 사실입니다. 하지만 우리가 우리 문화로 하느님을 찬미할 때, 하느님은 유럽이나 이스라엘만의 하느님이 아니라 우리 민족과 함께하셨고 지금도 그러하시는 하느님이심을, 가톨릭 교회가 유럽의 종교 가운데 하나가 아니라 우리 민족에 뿌리 깊숙히 들어와 계신 하느님을 찬미하는 종교임을 보여 줄 수 있을 것입니다.

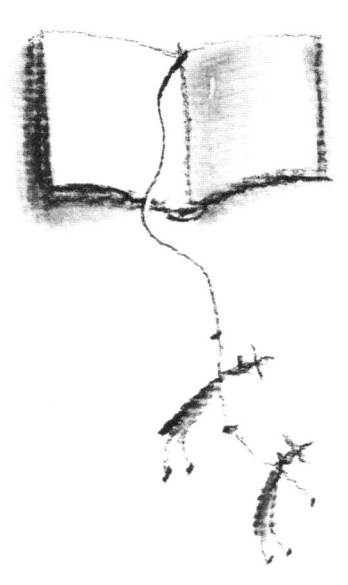

11. 미사 때 왜 성체만 영하나요?

미사는 영적 음식잔치

매주 미사에 가는 게 지겹습니다. 형식투성이인 미사에 왜 가야 합니까?

툭 터놓고 이야기하자면, 매주 미사에 참여하는 것을 큰 기쁨으로 느끼며 사는 사람이 있다면 그는 참으로 복된 사람이라고 할 정도로, 심지어 상당수의 성직자·수도자들까지도 미사 참여를 하나의 의무로만 여긴다고 말한다면 지나친 과장일까요?

열린 마음으로 우리 신자들의 미사 참여 태도를 본다면 많은 면에서 실망을 하게 됩니다. 주일 미사 참여는 열심히 하는 사람이 교회 밖에서는 전혀 딴판으로 행동하는 것을 볼 때마다, "미사가 자기 삶의 변화에 아무런 영향도 끼치지 못한다면 성당에는 뭣하러 가느냐?"고 반문하는 사람들의 한탄을 귀여겨들을 필요가 있다고 생각해 봅니다.

신부 혼자 드리는 것 같은 인상을 주는 미사, 신자들의 참여는 너무나 미미하고, 그저 신부의 행동만을 수동적으로 바라다보아야 하는 전례, 우리가 느끼고 생각하는 바를 표현할 자리를 전혀 찾을 수 없는 형식으로 가득 찬 미사, 전례에 대한 이런 느낌은 우리로 하여금 "왜 미사에 참여해야 하는가?" 하는 의문을 강하게 제기하게 합니다.

자동차를 타고 멀리 여행을 떠난다고 가정해 봅시다. 긴 여행을 하다 보면 자동차에 기름을 넣어 주어야 하기 때문에 우리는 자주 주유소에 들러야 합니다. 고속도로에는 일정한 거리를 두고 주유소가 있게 마련입니다. 만일 주유소가 없는 시골길을 달릴 때, 기름이 다 떨어졌다고 생각해 보십시오. 우리는 세례성사를 받음으로써 하느님 나라로 가는 긴 여행을 시작한 나그네와 같습니다. 자동차가 기름을 필요로 하듯이 우리 영혼의 여행을 위해서도 영적 음식이 주기적으로 필요합니다.

 미사 참여를 영적 음식을 섭취하는 것에 비유한다면 지나칠까요? 어떤 사람은 일주일에 한 번 섭취하지만 매일 이 영적 음식을 섭취하는 사람도 있습니다. 우리의 영적 음식은 하느님 말씀과, 그리스도의 몸과 피입니다. 말씀을 듣고 (말씀 전례), 하느님께서 그리스도를 통하여 이루신 놀라운 일들을 기념하면서 하느님을 찬미하는 것(성찬 전례), 바로 이것이 미사입니다.

 이처럼 미사는 자동차로 여행을 떠나는 이에게 새 힘을 넣어 주는 주유소와 같은 것입니다. 주유소에서 기름을 넣는 목적은 여행을 계속하기 위한 것입니다. 우리 또한 미사에 참여하는 것은 앞으로 남은 영적 여행을 계속하기 위함입니다. 자동차에 기름을 넣은 후 도로 위를 달리듯이, 영적 음식을 섭취한 우리 신자들도 이제 자신의 삶 안에서 신앙을 행동으로 옮겨야 합니다. 미사마다 끝에 파견 예식이 있는 것은, 세상에 나가서 그리스도의 복음을 말과 행동으로 전파하라는 것입니다. 만일 우리가 하느님 말씀을 삶 안에서 실천하지 않는다면, 우리 신앙은 식어갈 것이고 따라서 미사 참여도 지겹게 느껴질 것입니다. 기름을 넣은 자동차가 더 잘 달리듯이, 영적 음식을 섭취한 신자도 더 잘 행동해야 합니다.

 행동하지 않는 신자는 주님으로부터 버림받게 될 것입니다. 이 말을 달리한다면, 머리로 이해한 신앙을 가슴으로 살지 않으면 머리 속에 든 신앙은 질식하게 된다고 할 수 있겠습니다. 미사가 지겹게 느껴진다면, 전례 자체의 문제보다 먼저 우리 신앙의 자세가 어떠한지 되돌아보아야 할 것입니다.

> "왜 여러분은 나를 '주님, 주님' 하고 부르면서 내가 말하는 것은 행하지 않습니까?"(루가 6,46).

> "내 어머니와 내 형제들은 하느님의 말씀을 듣고 행하는 이런 사람들입니다"(루가 8,21).

미사는 최후 만찬의
재현(再現)?

 어느 본당에서 미사에 참여하다가 우연히 이상한 것을 발견하였습니다. 성찬 전례 때 성체 축성중 "만찬을 하시면서 빵을 들고 축복하신 다음 쪼개어 제자들에게 주시며"라는 말씀을 하시던 신부님께서 성체를 둘로 나누어 들어올린 가운데 "너희는 모두 이것을 받아 먹어라" 하는 것이었습니다. 일반 본당과는 다른 양식인지라 미사 후 신부님께 그 이유를 여쭈었더니 "예수께서 최후 만찬 때 성체를 축성하신 다음 제자들에게 빵을 쪼개어 나누어주시고 이어 성혈을 축성하시지 않았는가? 미사는 최후 만찬의 재현이니까 예수께서 하셨던 것처럼 빵을 축성한 다음에 빵을 쪼개는 것이 합당하지 않는가?" 하시는 것이었습니다. 만일 그렇다면 신자들에게 빵을 나누어주기 전 "하느님의 어린양"을 노래할 때 빵을 쪼개는 예절이 잘못된 것인지요?

미사에 대한 오해: 미사는 최후 만찬

 우리 가톨릭 신자들이 가장 많이 접하는 전례가 미사이기 때문에 미사의 의미에 대해서 아주 잘 아는 것 같지만, 사실은 미사에 대한 잘못된 이해가 우리 신자들, 심지어 일부 성직자·수도자들에게까지 퍼져 있다면 믿으실는지요. 가장 널리 퍼져 있는 미사에 대한 잘못된 이해 가운데 하나가, 미사란 예수님께서 제자들과 함께 거행하신 최후 만찬을 재현하는 것이라는 생각입니다.

 미사가 최후 만찬의 재현이라고 믿는 사람들은 미사 때 이루어지는 행위들이 예수님과 그 제자들이 행했던 그 방식 그대로 이루어져야 미사의 본의미가 더 잘 드러날 수 있다고 여깁니다. 이때문에 성체를 축성하는 순간에 빵을 쪼갠다든지, 최후 만찬이 식사이므로 미사 역시 식사로서의 성격(예를 들어 조금은 떠들썩한 잔치 기분과 사람들과의 친교를 드러내기 위해 이루어지는 악수나 인사 등)을 지녀야 한다는 주장을 하게 됩니다.

 만일 미사가 최후 만찬의 재현이라면, 우리는 성체 축성 중에 빵만 쪼갤 것이 아니라 성체 축성 후 즉시 성체를 신자들에게 나누어주어야 할 것입니다. 복음에 의하면 예수님은 빵을 축성하신 다음 그것을 제자들에게 분배하셨고, 이어 포도주를 축성하신 다음 또 나누어주셨기 때문입니다. 또 가능한 한 예수님과 그 제자들의 동작을 모방하려면, 예수님 당시의 식사 습관대로 식탁(제대) 주위에 비스듬히 누워야 할 것입니다. 물론 당연히 지금과 같은 제병이 아니라 진짜 빵을 사용하여야 할 것입니다. 이렇게 되면 우리는 다시 쓸데없는 성체 논쟁에 빠져드는 어리석음을 범하게 될 것입니다.

최후 만찬은 파스카 신비의 "기념물"
 갑돌이와 갑순이는 서로 사랑하는 사이입니다. 장차 결혼할 것을 굳게 다짐까지 한 두 사람이었지만, 세상 일이 그들 뜻대로 흘러가는 것은 아닌지라, 어느 날 갑돌이가 외국에 나가 공부하게 되었습니다. 한국에 다시 오려면 적어도 삼 년은 떨어져 있어야 했습니다. 결혼하여 같이 갈 처지도 못 되는 이 두 사람의 마음이 어떠할지는 아는 사람만 알겠지요. 하여 갑돌이는 자기가 늘 몸에 지니고 있던 목걸이를 갑순이에게 주면서 "이건 내가 너를 사랑했다는 것을 드러내 주는, 그리고 외국에서 돌아오면 너와 결혼하겠다는 것을 약속하는 증표야"라고 하였습니다. 갑돌이가 떠나가고 홀로 된 갑순이는 처음엔 너무나 그가 그리워서 어쩔 줄 몰랐지만 시간이 흐르면서 점차 그와 함께했던 다정한 순간들도 희미해지고 심지어 그의 얼굴도 흐릿해져 갔습니다. 이제 갑순이에게 있어 갑돌이를 기억하게 해주는 것은 그가 남기고 간 목걸이뿐이었습니다. 목걸이는 갑돌이와 자신의 사랑을, 갑돌이의 결혼 약속을 상기시켜주는 "기념물"이 되었습니다.

예수님이 사람이 되시어 사람들에게 하느님 말씀을 전하시고 세상의 구원을 위해 일하시다가 죽으실 때가 이르자 당신의 사업을 제자들이 계속 기억할 수 있도록 갑돌이처럼 기념물을 남겨 놓으시고자 하셨습니다. 예수님이 남겨 놓으신 기념물이 바로 "최후 만찬"이었습니다. 즉, 예수님이 십자가에서 돌아가시기 전 제자들과 함께하셨던 마지막 만찬은, 제자들과의 헤어짐을 서러워하여 베푸셨던 단순한 고별 만찬이 아니었던 것입니다. 왜 당신이 이 세상에 오셨으며, 무엇때문에 스스로 목숨을 내놓고자 하시는지 제자들이 세세대대로 기억하게 하시고자, 제자들 역시 당신 뒤를 따라야 함을 가르치시고자 남겨 주신 기념물이 바로 최후 만찬이었습니다. 그래서 예수님은 만찬을 마치시면서, "너희는 나를 기억하여 이를 행하여라"고 당부하셨던 것입니다.

미사는 최후 만찬의 "기념"

제자들은 예수님의 승천 후 성령강림이라는 사건 이후에 예수님의 신비(파스카 신비)를 기념하고자 최후 만찬을 본떠 예식을 거행하기 시작하였습니다. 이것이 현재 미사의 성찬례 예식의 시작입니다.

갑순이에게 있어 갑돌이가 목걸이를 줄 때 어떤 식으로 주었는지, 그때 갑돌이와 자기가 어떤 옷을 입고 어떤 장소에서 만났는지는 중요한 것이 아닐 것입니다. 목걸이를 통해 드러나는 갑돌이의 마음과 약속이 중요한 것입니다. 마찬가지로 제자들에게 있어 최후 만찬이 어떤 식으로 치러졌는지가 중요한 것이 아니라 최후 만찬이 뜻하는 바를 미사의 성찬례를 통해서 계속 전달하는 것이 중요했습니다. 동작이 중요한 것이 아니라 그 동작이 전하고자 하는 바가 중요했던 것입니다.

 이런 점에서 본다면 미사의 성찬례는 최후 만찬을 그대로 모방하는 "재현"이기보다 최후 만찬이 뜻하는 내용을 전하는 그 "기념"이라 하겠습니다. 그렇다면 미사를 최후 만찬과 동일시하여 예식마저도 최후 만찬 때처럼 하자고 주장하는 것이 그다지 타당하지 않다는 것을 알 수 있을 것입니다.

미사의 본뜻을 드러내기 위한 시도는 계속되어야

 그렇다고 해서 현재의 미사 예식이 완전하므로 더 이상 고칠 필요가 없다는 것은 아닙니다. 현재의 성찬례 안에서 이루어지는 동작과 기도문들이 과연 예수님의 파스카 신비를 제대로 전달하고 있는지, 우리가 그 예식에 참여하면서 예수님의 모범을 따라 살아야겠다는 마음을 불러일으키고 있는지 비판적으로 살펴보고, 좀더 나은 방식이 있다면 그것을 성찬례에 도입하는 것을 주저할 이유는 없습니다. 우리에게 중요한 것은, 예식 자체가 아니라 예식이 담고 있는 내용의 전달이기 때문입니다. 따라서 미사의 본뜻을 더 잘 드러낼 수 있는 동작과 기도문들을 계속 계발하되, 그 신학적·전례학적 의미를 항상 염두에 두어야 할 것입니다.

미사의 준비운동

여러분은 주일 미사 때 주로 어떤 노래를 부르십니까? 물론 성가를 선택하는 분은 따로 있으니까 신자들은 사회자가 지정하는 번호만을 성가책에서 찾아내어 부르는 것으로 할 일을 다했다고 생각하시겠지요? 그런데 성가 가사의 내용과 그날 미사의 분위기 또는 주제가 잘 맞지 않는 것 같은 느낌을 가진 적은 없으신지요?

다해 연중 제30주일의 복음은 루가 18,9-14입니다. 스스로를 의인으로 여기는 바리사이와 자신을 죄인으로 여기며 감히 하느님을 뵈올 용기도 가지지 못한 세리에 대한 비유의 말씀이 이날 복음의 내용입니다. 따라서 이날 미사의 주제는 "하느님으로부터 의인으로 대접받으려면 어떠해야 하는가?" 하는 문제라 하겠습니다.
그런데 우리가 입당 노래를 성가책 16번「온 세상아 주님을」이란 곡을 선택한다면, 과연 누가 입당 노래에서 그날의 주제를 이해할 수 있겠습니까?

미사는 크게 두 부분으로 나뉘어져 있다는 것을 여러분도 알고 계실 것입니다. 즉, 복음 선포를 정점으로 하는 "말씀 전례"와 감사기도 및 영성체로 이루어진 "성찬 전례"가 바로 미사의 가장 중요한 두 부분입니다.
"성찬 전례"는 예수 그리스도의 수난과 죽음 그리고 부활을 기념하고 재현하는 것이므로 예수님이 결정적으로 다시 오실 때까지 항상 반복될 것입니다. 그러나 "말씀 전례"의 핵심인 복음은 언제나 내용이 바뀝니다. 바로 이 복음이 그날 미사의 주제가 되는 것입니다.
성 아우구스띠노 시대, 즉 4세기에는 주례자가 입장하면

바로 성서를 봉독하였습니다. 다시 말해서 오늘날 우리 미사에서 볼 수 있는 입당송이나 본기도 그리고 대영광송은 없었던 것입니다. 시간이 흐르면서 교회는 "말씀 전례"를 바로 시작하는 것이 신자들에게 무리라는 것을 깨달았으니, 준비운동도 안한 사람보고 곧바로 수영하라고 말하는 것이나 다를 바가 없었기 때문이었습니다.

 그래서 어떻게 하면 신자들이 그날 미사의 주제인 복음 말씀을 무리 없이 소화할 수 있을까를 생각하게 되었고, 이를 위해서는 "말씀 전례"를 바로 시작하기 전에 복음을 조금씩 맛보여 주어야겠다고 생각한 것입니다. 이같은 사목적 배려에서 교회는 입당송과 본기도의 내용을 복음과 일치시키고자 했던 것입니다. 그리하여 입당송이 처음 미사 안에 도입될 때는 정해진 시편을 계속 사용하다가 차츰 그날 복음의 내용으로 구성되어 간 역사를 살펴볼 때, 교회의 사목적 배려가 눈에 띄게 나타납니다.

 교회는 여기에 그치지 않고, 그리스도의 말씀을 듣고 난 후 그분의 몸을 먹는 순간, 즉 영성체를 하는 순간에도 다시 한번 그날 미사의 주제인 복음을 신자들이 상기하도록 배려하였으니, 영성체송이 바로 그것입니다. 이 영성체송의 내용은 바로 그날 복음에서 따오는 것이 하나의 관례였다는 사실에서도 이러한 교회의 사목적 배려를 증명하는 것입니다.

 현재 우리 한국 교회는 보통 입당송과 영성체송을 성가책에 나오는 노래로 바꾸어 부릅니다. 아직 본격적인 전례음악이 우리나라에는 나와 있지 않기 때문이지요. 이렇게 입당과 영성체 때 부르는 노래가 입당송과 영성체송을 대신하는 것이라면, 그 노래의 기능도 마찬가지로 신자들에게 그날 복음을 미리 맛보이고(입당 노래) 다시 한번 상기하게 하는(영성체 노래) 것이어야 하지 않겠습니까? 사정이 이러함에도 불구하고 그날 복음과는 전혀 관계가 없는 노래를 선택한다면, 이는 전례의 묘미를 살리지 못하는 것이라 하겠습니다.

 영성체 때 우리가 흔히 부르는 노래는 사실 성체조배를 위한 것들입니다. 그리스도의 몸을 모신 우리가 그날 들은 말씀을 묵상하는 것이 합당하지 성체조배를 하는 것이 옳은 일이겠습니까?

 입당과 영성체 노래를 그날 복음에 맞게 고르는 것이 쉬운 일은 아닙니다. 그렇더라도 조금만 신경을 쓴다면 적어도 그날 복음에 가까운 성가를 고를 수 있지 않겠습니까?

미사를 위한 음악

전례 음악은 미사에 신자들이 더욱더 잘 참여할 수 있게 하는 데 그 역할이 있습니다. 이번에는 전례 음악, 그중에서도 미사를 위한 음악에 대해 몇 가지 의견을 내놓고 싶습니다.

제일 소극적이면서 가장 실현이 가능한 제언은, 성가를 준비하는 이들이 그 주일의 복음을 잘 이해한 다음 복음의 주제와 일치하는 곡을 성가책 안에서 찾아내는 것이라 하겠습니다. 현재 우리가 사용하는 성가책에는 겨우 529곡이 실려 있고, 그 가운데 많은 곡이 뚜렷한 주제가 드러나 있지 않은 것들이라서 매주 복음의 주제에 맞는 곡을 고른다는 것이 무척 어려운 일임은 틀림없습니다. 그러나 일주일에 하루, 주님을 찬미하러 오는 이들에게 주님의 말씀을 똑똑히 들려준다는 사명감으로 일한다면 전혀 불가능한 일은 아닐 것입니다.

그리고 제1독서 후 화답송을 위해서는 성가책에 있는 시편곡들과 시중에 나와 있는 시편곡만 따로 모아놓은 성가책을 이용할 수 있겠습니다.

이러한 선정 작업에서 특히 신경을 써 고를 곡은 그날 복음과 관련된 입당 노래와 영성체 노래입니다.

둘째 제언은 각 소공동체(본당이나 수도 단체)에서 할 수 있는 것으로서, 공동체 구성원의 특별한 노력이 필요합니다. 그것은 공동체의 구성원 중 시나 문학에 관심이 있는 이들이 매주 복음을 읽고 묵상하면서 노랫말을 지으면, 음악에 소질있는 이들이 곡을 붙이는 것입니다. 이렇게 만들어진 곡은 우선은 공동체 안에서 사용될 수 있을 것입니다. 이러한 작업을 위해서 본당신부를 중심으로(수도 공동체의 경우 장상을 중심으로) 전례 음악을 위한 위원회를 구성해야 할 것입니다.

 그러나 이러한 작업을 위해서 먼저 의식의 전환이 있어야 합니다. 그것은 전례의 주체가 하느님 백성이며, 따라서 우리 각자가 하느님 찬미에 적극적으로 참여해야 한다는 점입니다. 일부 신자들은, 전례란 신부에게만 맡겨진 일이므로 그저 신부가 제시하는 것을 따라가는 것으로 충분하다고 생각하는데 이같은 태도는 자신들의 일반 사제직을 미처 깨닫지 못한 것이라 하겠습니다. 물론 성직자들이 평신도들의 일반 사제직을 이해하고 그들이 적극적으로 전례에 참여하도록 유도하는 노력이 선행되어야 하겠지요.

 셋째 제언은 교회 안에서 전례 음악에 대해 책임을 지고 있는 사람들을 위한 것입니다.
 복음은 끝없이 재해석되고 시대에 맞게 새로이 표현되어야 합니다. 따라서 전례곡도 계속 새로운 것이 나와야 합니다. 이를 위해서는 고정된 성가책을 발행하는 데 그칠 것이 아니라 새 곡이 계속 발표될 수 있는 장을 마련해야 합니다.
 프랑스에서는 새 곡이 발표되면 그것을 낱장 형태로 판매합니다. 각 본당이나 공동체는 그런 곡들 가운데 자기들에게 맞는 것을 사 모읍니다. 그럼으로써 작곡가들은 계속 새 곡을 낼 수 있고, 각 공동체는 자기들에게 맞는 것을 골라 전례에 이용할 수 있는 여지를 갖게 됩니다.

 많은 본당에서 자기네 본당 신자들이 작사·작곡한 곡들이 사용되고 있는 현실을 볼 때, 위의 제언들이 그렇게 실현성이 없지는 않을 것입니다. 아무튼 복음을 재해석하고 그것을 자기네 언어와 표현 방식으로 드러내고자 하는 인간의 원의가 계속 살아 있는 한 새로운 곡은 계속 태어날 것입니다. 그렇다면 무조건 기존의 성가책에 들어 있는 곡만을 고집할 것이 아니라 참으로 복음에 맞는 아름다운 곡이 있다면 과감하게 받아들이는 노력이 본당 차원에서, 넓게는 한국 교회 차원에서 이루어져야 할 것입니다. 우리 정서에 별로 맞지 않는 외국곡들, 전례학적으로 미사중에 사용할 수 없는 곡들을 고집할 이유는 없지 않겠습니까?

하느님으로 채우는 워밍업!

얼마 전 통신교리를 수강하고 있는 한 청년이 "미사의 참회 예절로 우리의 죄는 모두 용서받는 것이 아닌가" 하는 질문을 해 왔습니다.
"전능하신 하느님과 형제들에게 고백하오니 …"로 시작되는 통회 기도에 이어 사제가 "전능하신 하느님, 저희에게 자비를 베푸시어 죄를 용서하시고 영원한 생명으로 이끌어 주소서" 하고 기도드리는 것으로 보아 미사의 참회 예절 때 우리 죄가 사해지는 것이 분명한데, 왜 고해성사를 따로 보아야 하느냐는 것이 바로 그 청년이 던진 질문이었습니다.

미사의 참회 예절
이 질문에 답하기 위해선 먼저 참회 예절이 미사중에 차지하는 역할이 무엇인지 살펴볼 필요가 있습니다. 미사는 크게 성서 말씀을 듣고 묵상하는 말씀 전례와 예수 그리스도의 몸과 피를 먹고 마시는 성찬 전례 두 부분으로 나뉘어져 있습니다.

교회 역사 초기에는 말씀과 성찬만으로 미사가 이루어졌으니, 사제가 성당 안으로 들어오면 곧바로 말씀을 봉독하면서 미사를 시작하였습니다. 하지만 신자들이 미처 마음의 준비를 갖추기도 전에 말씀 전례를 하다 보니, 말씀 전례는 마치 성찬 전례를 준비하는 것인 양 여기게 되었고, 따라서 하느님 말씀에 대한 중요성을 망각하기 쉬웠습니다.

이에 말씀 전례에 들어가기 전 신자들을 준비시키는 예식이 필요함을 인식하여 말씀 전례 전에 입당 전례를 마련하게 되었습니다.

입당 전례를 이루는 부분은 입당송(입당 노래), 인사, 참회 예절, 자비송과 대영광송, 본기도입니다. 이렇듯 참회 예절의 주목적은 우리 마음을 되돌아보고 죄를 뉘우치는 가운데 하느님 말씀을 듣고 성체를 받아 모실 수 있도록 우리 자신을 준비하는 데 있다 하겠습니다.

참회 예절과 고해성사

예수 그리스도는 십자가에서 당신 자신을 제물로 바쳐 인류를 구원하고자 하셨고, 제자들이 당신의 구원 사업을 계속 기념하도록 하기 위해서 십자가에서 돌아가시기 전날 "저녁 식사"의 형태를 빌려 성찬례, 즉 미사를 세우셨습니다. 따라서 성찬례는 하느님과 우리 사이에 존재하는 단절(죄)을 없애고 우리가 하느님과 화해하게 만든 예수님의 구원 사건을 기념하면서 동시에 이러한 구원이 계속됨을 보증해 주고 있습니다. 이 점에서 성찬례는 죄의 용서를 이루어 주는 가장 큰 성사입니다.

그러나 우리 가톨릭 교회는 성찬례의 이러한 가치를 인정하면서도, 또한 고해성사의 효과는 바로 이 성찬례로부터 나오고 있음을 말하고 있으면서도, 큰 죄의 용서를 위해서는 따로 고해성사를 보도록 하고 있습니다. 여기에는 역사적·심리적·문화적 이유가 복합적으로 깔려 있기에 이 자리에서 이러한 문제를 자세히 논할 수는 없으며, 이 문제의 이해를 위해서는 고해성사를 다룬 책을 살펴보아야 할 것입니다.

이러한 교회의 가르침을 살펴볼 때, 미사의 참회 예절은 우리가 매일매일 짓는 죄, 즉 소죄를 대상으로 하고 있습니다. 다시 말해서 하느님 앞에 나아가 그분 말씀을 듣기 전 마음의 준비를 갖추는 것, 그러기 위하여 일상 생활 가운데 짓는 죄들을 뉘우치고 겸손된 마음을 준비하는 것이 바로 참회 예절의 본뜻이라 할 것입니다. 이 순간에 이루어지는 사제의 사죄경은 바로 소죄의 용서를 겨냥한다 하겠습니다.

참회의 의미

현대에 들어와 심리학과 일부 동양 철학의 영향으로 참회와 회개의 의미가 많이 퇴색되고 있는 것 같습니다. 우리 그리스도인에게 있어 참회는 자신이 하느님 앞에서 아무것도 아님을, 하느님의 은총 없이는 아무것도 할 수 없음을, 내가 가진 모든 것이 바로 하느님의 선물이라는 사실을 인정하는 것입니다. 나아가서 자신의 생각을 비우고 하느님 말씀에 귀를 기울이는 내적 자세를 준비시키는 것이라 하겠습니다. 이런 의미에서 미사의 참회 예절은 하느님과 만나기 전 자신을 돌아보는 귀중한 시간이라 하겠습니다.

혹 그저 습관적으로 "전능하신 하느님과 형제들에게 고백하오니 …"라고 중얼거리고 있지는 않습니까?

말씀 전례 때 성서 대신 다른 글을 읽을 수 있나요?

 신자 한 사람이 피정을 갔습니다. 몇 분의 신부님들과 수녀님들이 그 피정에 참석하고 계셨습니다. 훌륭한 강의, 잘 짜여진 계획표! 만족스럽게 참석하던 이 신자분, 미사 시간에 당혹스런 광경을 목격하고는 피정이 끝날 때까지 분심에 사로잡혔답니다. 그 까닭은 말씀 전례 때 성서 대신 한 시인의 시(詩)를 낭독하였기 때문입니다. "피정 때니까 그럴 수도 있겠지" 하고 좋게 생각하려고 애를 써 보았지만 왠지 계속 꺼림칙한 기분이었습니다. 피정에 참석한 이들에게 어떻게 생각하느냐고 물었을 때 "참신한 아이디어 아니예요?"라는 대답을 듣고는 자신이 고루하고 보수적인 사람이어서 그런가보다고 일단 접어 두었다 합니다.

전례의 쇄신
 제2차 바티칸 공의회 이후 많은 사람들은 전례의 쇄신, 즉 전례를 더 이상 고리타분한 형식으로 놔두지 말고 우리 삶과 연관된 전례, 무엇인가 찡하고 감동을 줄 수 있는 전례를 만들 것을 주장하였습니다.
 그 결과 소모임 전례, 성체와 성혈을 함께 영하기, 평화의 인사를 나누는 시간에 간단한 목례보다 서로 안부 인사 나누기, 그날 성서를 미리 읽기 등등 신자들의 적극적이고도 능동적인 미사 참여를 위한 많은 방법들이 제안되고 시험적으로 시도되기도 하면서 좋은 열매도 맺게 되었습니다.

마음에 드는 전례에 대한 강박감
 전례가 무엇인지 미처 생각할 겨를 없이 시작된 "전례 쇄신 운동"은 점차 그 한계를 드러내기 시작하였습니다. 마치 준비운동 없이 수영을 시작할 때 다리에 쥐가 나서 곤란을 겪듯이. 신자들은 신자들 나름대로 고리타분하지 않은 전례, 미사를 마치고 돌아갈 때 가슴에 여운을 남기는 전례를 사목자들에게 은연중 요구합니다. 매일 같은 형식의 미사에 수년간 참여하다 보니 아무런 감동도 느끼지 못하는 지경에 이른 성직자들과 수도자들은 신자들보다 더 전례의 변화를 바라는 경우가 있습니다.

말씀 전례의 핵심

이러한 새로운 전례에 대한 갈망은, 미사중 성서 대신 다른 글들을 읽고자 하는 일부 사람들의 시도로 표출되었습니다. 뜻깊은 시(詩), 현시대를 풍자한 글들을 통하여 죽은(?) 성서 말씀에서 느낄 수 없는 감동을 체험할 수 있다고 믿었기 때문입니다. 나아가서 감동적인 내용의 비디오를 보거나 음악을 들음으로써 무미건조한 성서 말씀을 들을 때보다 하느님을 더 잘 느낄 수 있다고 주장하는 사람들도 없지 않습니다.

하지만 이러한 시도는 미사의 본질을 잘못 이해한 데서 나온 것이라 할 수 있습니다. 말씀 전례의 핵심은 하느님 말씀에 귀를 기울이는 것입니다. 또한 이 말씀에 대해 감사와 찬미의 정을 드러내는 시간입니다. 따라서 교회는 그 무엇으로도 하느님 말씀을 대체할 수 없다는 입장을 지키고 있는 것입니다.

성찬례는 파스카 신비, 즉 그리스도의 수난과 죽음 및 부활 신비를 기념하는 가운데 하느님께서 그리스도를 통해서 이루신 구원 사업을 찬미하고 나아가 우리 또한 죽음에 이르기까지 성부의 뜻을 좇은 그리스도를 본받을 것을 다짐하는 순간입니다. 따라서 우리의 청을 드리는 것보다 우리의 인간적인 감동을 찾는 것보다 더 중요한 것이 무엇인지를 생각한다면 성찬례중 하느님 말씀인 성서 대신 다른 글을 읽는다는 것이 얼마나 잘못된 것인지 알 수 있을 것입니다. 만일 신자 상호간의 대화와 감정의 나눔을 원한다면 성찬례에서가 아니라 다른 기회를 찾아야 할 것입니다. 미사는 결코 인간끼리의 친교에만 초점을 맞춘 잔치가 아니라는 사실을 잊지 말아야 할 것입니다.

인스턴트 성서

요즘 우리 가톨릭 신자들이 주일 미사 때 가져가는 것 가운데 하나가 『매일미사』이거나 『오늘의 말씀』이라는 책입니다. 이 책 안에는 사제가 외우는 기도만이 아니라 그날 "미사의" 독서가 실려 있어서 신자들에게 여간 편한 것이 아닙니다. 성서를 들고 다니자니 너무 무겁고, 또 성서 구절을 찾는 것도 여간 귀찮은 일이 아니고 … 이런저런 이유로 『매일미사』와 『오늘의 말씀』은 우리 가톨릭 신자들의 애독서가 되었습니다.

그런데 이러한 책으로 인해 생기는 공해(?)에 대해 생각해 보신 적은 없으신지요?

첫째 공해:

신자들로 하여금 성서를 멀리하게 만들었습니다. 주일 미사에 3년 동안 빠짐없이 참여하는 사람이라 하더라도 성서를 따로 읽지 않으면 성서의 아주 적은 부분만 대하게 됩니다. 주일 미사의 말씀 전례 부분을 보면 복음은 3년에 걸쳐 읽도록 되어 있고, 신약과 구약의 일부분만 취급하고 있기 때문입니다. 『매일미사』를 애용하는 사람들이 따로 성서를 읽는다면 모르지만, 모르긴 몰라도 대부분의 애용자들이 성서에서 그날 독서의 구절을 찾기가 귀찮아 『매일미사』를 선택하므로, 결국 『매일미사』는 그 자체가 지니고 있는 편리함 때문에 신자들로 하여금 성서를 멀리하게 만드는 결과를 가져오는 것 같습니다.

둘째 공해:

미사중에 소음공해를 일으키고 있습니다.

미사를 드리다 보면 말씀 전례 때 우리 신자들은 하나같이 『매일미사』를 손에 펴들고 있습니다. 고요한 성당 안에서 수백 명의 신자들이 한꺼번에 책장을 넘기는 그 소리가 얼마나 신경을 건드리는지 …

말씀 전례는 우리가 하느님 말씀을 듣는 시간이지, 성서를 읽는 시간이 아니라는 점은 이미 제가 지적한 바 있습니다. "듣는다는 것"과 "읽는다는 것"이 얼마나 큰 차이가 있는지 여러분도 잘 아시겠지요. 하느님의 권위를 인정한다면, 또 그분의 뜻을 헤아려 실천하겠다는 마음이 있다면 마음을 가다듬고 귀를 기울여 독서자를 통해 말씀하시는 하느님께 향해야 하지 않겠습니까? 어떤 면에서 『매일미사』는 우리가 하느님께 귀를 기울이지 않게 만드는, "못된"(?) 도구인지도 모르겠습니다.

셋째 공해:

환경을 오염시키는 쓰레기를 양산하고 있습니다.

요즘 우리는 쓰레기 줄이기, 재생용품 쓰기 운동을 벌이면서 범국민적으로 절약운동·환경운동을 전개하고 있습니다. 『매일미사』는 잡지 형태로 되어 있는 것이라 날짜가 지나면 다시 사용할 수 없습니다. 원래 『매일미사』의 원조라 할 수 있는 유럽 여러 나라에서 펴내고 있는 『신자용 미사경본』은 단 두 권(평일용과 주일용)으로 날짜와 연도에 상관없이 계속 사용할 수 있도록 되어 있습니다. 우리나라에서는 경제적 이유 때문인지는 모르지만 다달이 책을 펴내면서 한번 사용하고 나면 다시는 이용할 수 없도록 하고 있습니다. 그러니 얼마나 큰 자원의 낭비이며 쓰레기 생산의 주범입니까?

신앙 생활은 먼저 하느님 말씀에 귀를 기울이고, 또 하느님 말씀을 읽는 데서 시작한다고 할 수 있습니다. 그렇다면 많은 문제점을 안고 있는 "인스턴트 식품"과 같은 『매일

미사』대신 성서를 직접 읽읍시다. 단편적으로 성서 구절이 실려 있는 『매일미사』보다야 하느님 말씀을 전체 맥락 안에서 살펴볼 수 있는 성서가 얼마나 더 좋은지요.

신부님의 강론은 우리의 양식?

결혼 전 개신교에 다니다가 아내 따라 가톨릭에 다니는 사람입니다. 개신교 예배의 특성은 성서 봉독과 그에 따른 목사님의 설교 말씀이라고 저는 생각합니다. 예배중의 목사님 설교는 대부분 성서와 관계된 것들입니다. 그런데 미사에 참여하다 보니, 신부님의 강론 내용이 성서와는 별로 연관을 갖지 않은 경우가 많은 것 같고, 어떤 때는 성서와는 아무 상관없는 돈 이야기나 정치·사회 문제에 관한 것이 주제가 될 때도 있습니다. 이러한 미사 모습으로 미루어볼 때 가톨릭은 성서를 별반 중요시하지 않는다는 개신교 형제들의 말이 맞다는 생각이 듭니다. 가톨릭의 강론은 정말 복음과 별반 상관이 없는 건지요?

70년, 80년대, 우리나라가 유신 헌법과 군사 정권의 강압적인 인권 유린 사태를 겪고 있을 때, 일부 신부님들이 당시의 정권에 맞서 성명서를 내고 투쟁하던 때가 있었습니다. 당시 정치에 대해 직접적인 비판 투쟁을 벌이던 신부님들을 보고 비신자들뿐만 아니라 신자들도 두 가지 상반된 견해를 제시하였습니다. "정치는 정치인에게 맡기고 종교인은 종교 문제에만 관여하라. 종교인이 정치 문제에 관여하는 것은 중세 때 정치 권력에 맞들였던 나쁜 관습에 아직 물들어 있기 때문이다"라고 주장하던 사람들이 있었습니다. 다른 한편으로는, "종교인의 사명이 이 세상에 평화와 정의를 전하고 실현하는 데 있으므로 자연히 정치 문제에도 관여하지 않을 수 없다. 종교인이라 해서 불의한 현실을 못 본 체하고 비판하지 않는다면 그는 참된 종교인이라고 할 수 없다"고 주장하던 사람들도 있었습니다. 이러한 두 견해 사이에서, 신부들이 밖에서는 정치적인 이야기를 하는 것은 좋지만, 미사 강론중에는 하지 않아야 된다는 견해도 제기되었습니다. 일부 신자들은 신부의 강론이 종교적인 문제와는 상관없는 정치·경제 문제에 치우쳐 있다 하여 미사 참례를 아예 하지 않거나 전혀 그런 문제(?)를 일으키지 않는 신부님들의 미사에 참례하러 먼 곳까지 원정(?)가는 일도 있었습니다.

강론: 미사에서의 교육

기원후 153년경, 그리스도교에 대한 박해가 한창이던 때 성 유스띠노가 당시의 권력층에게 그리스도교를 설명하고 변호하기 위하여 쓴 『제1 호교론』을 보면 당시 그리스도인들이 드리던 성찬례(미사)의 구조를 어느 정도 알 수 있습니다. 이 글에 의하면, 사도들의 비망록을 읽은 다음 미사 집전자가 그에 대한 강론을 하였다고 하는데, 여기서 말하는 사도들의 비망록은 분명 현재 우리가 보는 사도들의 편지나 복음서였을 것입니다.

성서 말씀을 읽고 이에 대한 해석을 하면서 현실 안에서 어떻게 살아갈 것인지를 제시하던 방식의 이러한 강론은 특히 교부들에 의해 일종의 "교리교육"의 한 방편으로 발전되었습니다. 성 아우구스띠노나 성 요한 크리소스토모와 같은 교부들이 남긴 많은 글들이 바로 강론 때 하였던 것입니다. 특히 성 레오 대교황의 『성탄 강론』을 읽어보면, 미사 강론이 차지하고 있던 역할과 자리를 잘 알 수 있을 것입니다.

강론의 쇠퇴

중세에 접어들면서 신자들의 전례 생활이 아주 빨리 쇠퇴하게 되는데, 이렇게 된 여러 이유 가운데 하나는 일반 백성이 전례 때 사용되는 라틴어를 이해하지 못하였다는 점입니다. 사실 4세기초까지만 하더라도 로마 교회의 전례에서 공용으로 사용되던 언어는 그 시대의 국제어로 통용되던 그리스어였습니다. 그러나 4세기에 이르러서는 많은 사람들이 더 이상 그리스어를 사용하지 않는 관계로 다마소 교황(304~384년)은 로마 교회에 속한 사람들이 이해할 수 있는 언어인 라틴어를 전례 언어로 채택하고, 당신의 비서였던 성 예로니모에게 성서를 라틴어로 번역하게 하면서 성서의 목록을 확정하였습니다(382년).

로마 교회가 서유럽으로 퍼져 나가면서, 새로 신도가 된 사람들 대부분이 라틴어를 이해하지 못하던 사람들이었음에도 불구하고 교회는 미사를 위시한 전례 때 라틴어 외에는 사용하지 못하게 하였으니, 말씀 전례 역시 라틴어로 거행되었던 것입니다. 사정이 이러하니 강론 때 미사를 집전하는 신부들이 할 수 있는 것이란 그날 읽은 성서 말씀을 그 미사에 참여한 이들이 사용하는 언어로 다시 번역하여 주는 수준에 머물 수밖에 없었습니다. 이렇게 됨으로써 본래 의미의 강론은 미사 안에서 거의 무시되었고, 결국 성직자들의 무지와 신자들의 무관심으로 강론은 미사 안에서 비본질적인 것으로 여겨지게 되었습니다.

강론: 미사의 본질적 요소

강론의 쇠퇴는 말씀 전례의 쇠퇴와 더불어 일어났고, 이는 또한 신자들이 하느님 말씀보다는 성체께 대한 신심에 더욱 관심을 기울이게 되는, 기형적인 신앙 생활의 발전을 동반하게 되었습니다.

이에 제2차 바티칸 공의회는 『전례헌장』을 통하여 전례 때 각 민족이 자기네 언어를 사용할 수 있음을 천명하면서, 말씀 전례가 활성화되도록 조치를 취하였습니다. 강론의 중요성이 다시 부각된 것은 물론입니다.

이어 새로 나온 미사경본과 함께 발표된 『미사경본의 총지침』 41항, 42항은 다음과 같이 선포합니다.

41. 강론은 전례의 한 부분이며 … 신앙 생활의 영양소로서 필요한 것이다. 강론은 성경의 일면이나 미사 경문의 일면을 설명하는 것이어야 하고, 경축하는 교리와 청중의 입장을 고려해야 한다.

42. 주일과 축일에 교우들이 참석하는 모든 미사에 있어서는 강론이 의무적이고 …

강론: 말씀에 생명을 불어넣음

불과 90년 전에 쓰여진 우리나라의 신소설들마저 현대어로 고쳐야만 이해할 수 있을 정도로, 우리가 알아듣기 어려운 문체로 쓰여져 있습니다. 하물며 대략 삼천 년, 이천 년 전에 쓰여진 성서를 이해하는 것이 얼마나 어려운 일이겠습니까? 더군다나 우리 문화와는 커다란 차이를 가지고 있는 팔레스티나의 문화 풍토 안에서 기록된 성서를 그대로 이해하기란 사실상 불가능하다고 할 수 있을 것입니다. 이러한 성서 말씀을 우리 시대, 우리 문화 안에서 재해석하는 작업이 먼저 이루어지지 않는 한 성서는 수수께끼 말들로 가득 찬 책으로 남게 될 것입니다.

강론은 이 성서 말씀을 현대어로 다시 전해 주는 역할을 맡고 있습니다. 그렇다고 성서를 단순히 우리가 알아들을 수 있는 말로 바꾸어 전달하는 데 그치지 않고, 이전에 쓰여진 하느님 말씀을 오늘 우리 인간 상황에 비추어 다시 그 뜻을 되새기는 것이 강론의 본질이라 하겠습니다.

강론: 하느님 말씀을 인간 삶에 적용시킴

하느님 말씀이 우리 삶 안에서 살아 있는 말씀이 되려면 자연히 우리 인간의 삶 전체와 관계되어야 합니다. 이 말은 곧 우리 종교 생활뿐 아니라 우리의 사회・경제・정치 등 모든 분야에 걸친 인간의 삶에 대하여 교회가 발언하여야 함을 뜻합니다. 하느님 말씀이 인간의 활동 일부분에 영향을 미쳐야 한다는 주장은, 하느님을 복이나 주는 잡신(雜神)의 하나로 만드는 것과 다름이 없을 것입니다. 물론 강론을 하는 신부가 지나치게 자신의 취향에 따라 정치적 발언을 한다거나 사회 문제를 건드린다면 그것은 결코 하느님을 찬미하는 행위라 할 수는 없을 것입니다. 또한 복음 구절을 해설하는 정도에 그치는 강론은 신자들로 하여금 세상에 대한 자신들의 책임을 잊게 만든다는 점에서 옳지 못한 것입니다.

결론적으로 말해서, 강론은 하느님 말씀을 우리 인간 삶 안에 침투시키는 역할을 한다고 할 때 강론의 대상을 복음 해설에만 국한시킬 수 없고 오히려 우리 인간 삶 전체를 대상으로 하여야 할 것입니다. 물론 강론자 개개인의 취향에 지나치게 의존한 강론은 하느님 말씀을 세상에 전달하지는 못할 것입니다.

미사 때 영성체를 꼭 해야 하나요?

신자로서 주일 미사에 꼬박 참여해야 한다는 것은 어느 정도 이해되는 부분이지만, 미사에 참여할 때마다 꼭 영성체를 해야 하는지는 선뜻 납득이 가지 않는 부분입니다. 마음이 성체를 영할 수 있을 정도로 준비되어 있다면 다행이지만 그렇지 못한 경우 그냥 미사만 참여해도 괜찮지 않을까 하는 것이 저의 소견입니다만, 이에 대한 신부님의 의견은 어떠한지 듣고 싶습니다.

미사 때 성체를 받아 모시면서도 그 행위에서 어떤 의미도 느끼지 못하는 경우가 있을 수 있습니다. 사실 영성체의 의미를 안다는 것이 그리 쉬운 일은 아니기 때문입니다. 매주일 미사에 참여하여 성체를 모셔 보았지만 자신에게 어떤 특별한 변화도 일어나지 않는 것을 보면서 영성체에 대해 회의가 일어나기도 합니다. 사제인 저 자신이 미사를 집전하다 보면, 신자들이 영성체할 때 아무런 감흥도 없이 그저 습관적으로 성체를 받아 모신다는 것을 강하게 느낄 때가 있는데, 그럴 때마다 실망스럽고도 허탈한 기분이 되고 맙니다. 이러한 문제들과 결부시켜 왜 미사 때 영성체를 해야 하는지에 대해 잠시 살펴보기로 합시다.

죽음을 눈앞에 둔 예수님의 고민
예수님은 약 3년간에 걸친 설교 활동 끝에, 이제 당신의 최후가 다가오고 있음을 아셨습니다. 그럼에도 그분은 당신의 복음 선포 임무를 중단할 수는 없었습니다. 아버지의 뜻을 따르는 것이 무엇보다도 중요하였기 때문입니다.

아버지의 뜻을 실천하다 보면 어쩔 수 없이 만나야 하는 죽음. 이 죽음 앞에서 예수님은 고민을 하셨던 것 같습니다. 여태껏 가르쳐 온 제자들이 아직도 당신의 말씀을 잘 이해하지 못하고 있을 뿐만 아니라, 당신이 죽으면 그들이 뿔뿔이 흩어져 버릴 것임을 너무나 잘 알고 계셨기 때문입니다. 복음을 선포하다가 죽음을 당하게 될 것임을 세 번씩이나 알려주었음에도 불구하고, 예수님이 왕이 되시면 누가 더 높은 자리를 차지할 것인가 하는 문제를 두고 제자들이 서로 다투는 모습을 여러 차례 보셨기 때문이었습니다.

최후 만찬

유대교 지도자들이 당신을 죽일 음모를 꾸미고 있음을 간파한 예수님은 더 이상 시간을 끌 수 없었습니다. 당신의 죽음으로 하느님 나라에 대한 복음 선포가 중단되어서는 안되겠기 때문입니다.

제자들이 당신의 가르침을 항구히 기억하게 만드는 방법을 생각하시던 예수님은 제자들과 함께 식사하는 자리를 마련하시고는 아주 이상한 말씀을 하셨습니다. 즉, 빵을 드실 때 제자들에게 나눠주시면서 "이는 너희를 위하여 내어줄 내 몸이다" 하시고, 식사를 끝마치면서 입가심으로 포도주를 돌릴 때 다시 "이는 너희와 모든 이를 위하여 흘릴 피다"라고 선언하시면서, "너희는 나를 기억하여 이를 행하여라"고 명령하셨습니다.

십자가 제사를 미리 앞당겨 보여주는 최후 만찬

유대인들은 성전에서 제사를 드릴 때 어린양을 번제물로 바쳤습니다. 사람들이 어린양을 성전 사제에게 "넘기면", 어린양의 목은 사제들의 칼에 찔려 피를 "흘렸습니다". 이렇게 어린양은 인간의 죄를 대신하여 하느님과 화해하는 도구로 사용되곤 하였습니다. 예수님이 최후 만찬에서 말씀하신 것은, 성전에서 제물로 바쳐지는 어린양의 처지와 비교하여 장차 당신이 당하실 십자가에서의 죽음을 미리 말씀하신 것입니다.

예수의 죽음을 항구히 기억하게 만드는 성찬례

물론 제자들은 예수님이 만찬에서 보여주신 행동을 그 즉시 이해하지는 못하였습니다. 예수님이 돌아가시고 나서 뿔뿔이 흩어졌던 그들은, 부활하신 예수님을 만나뵙고 그분과 이야기를 나누며, 성령강림을 체험하고 나서야 비로소 최후 만찬의 의미를 이해하게 되었습니다. 그리하여 성령강림 후부터 제자들은, 예수님이 자기들에게 보여준 최후 만찬을 본떠 함께 모여 빵을 나누고 포도주를 나누어 마시면서 예수님의 십자가에서의 죽음과, 그분이 자기들에게 가르치신 바를 "기념"하기에 이르렀으며, 이 예식은 얼마 안 있어 말씀 전례와 합하여 오늘의 미사(성찬례)를 형성하게 되었습니다.

성체를 받아 모시면서 파스카 신비에 동참함

이제 그리스도인들은 성찬례 때 사제를 중심으로 모여 "주님의 만찬"을 함께 나누면서 주님의 수난과 죽음을 기념합니다. 그러나 단순히 과거의 사건, 2,000년 전에 예수라는 한 개인에게 일어났던 비극적 사건만을 기억하는 것이 아니라 그분의 수난과 죽음이 뜻하는 바를 지금 이 자리, 그분의 명에 따라 행하는 성찬례 안에서 되살리는 것입니다. 이와 동시에 그분의 죽음을 우리에게 전해 주는 빵(성체)과 포도주(성혈)를 먹고 마심으로써 우리 또한 예수님처럼 죽음에 이르기까지 성부의 뜻에 따라 살리라는 결심을 다지며, 이 사회 안에서 하느님의 뜻과는 상반되는 것과 투쟁하는 가운데 하느님 나라를 이 세상에 증거하겠다는 세례성사 때의 약속을 다시 한번 결심합니다. 나아가서 예수님의 십자가 제사로 열려진 구원의 여정이 완전히 완성되는 순간이 오기를 간절한 마음으로 고대합니다.

영성체를 하면서 자신이 누구인지를 확인함

 성체와 성혈을 받아 모시는 행위를 잘못 이해하는 사람들 가운데 어떤 이들은, 성체가 우리에게 복을 가져다주는 영물(靈物)이라고 생각합니다. 그리하여 영성체 때 사제가 나누어 준 성체를 영하지 않고 집에 가져와 모셔 두거나 목걸이 함을 만들어 그 안에다 보관하여 걸고 다니는 경우도 있습니다. 성체를 몸에 보관하기를 주장하는 이단이 우리나라에도 얼마 전 있었음을 상기하시기 바랍니다.

 그러나 위에서 보았듯이 성체와 성혈은 예수님의 죽음과 그분의 죽음이 뜻하는 바를 상기시킬 뿐 아니라, 우리로 하여금 우리의 안락한 생활을 포기하고 예수님 뒤를 따르라는 초대장과 같습니다. 불행히도 그 초대장은 행복에의 초대장이 아니라 십자가 고통에 동참하라는 고통의 초대장입니다. 물론 그 고통 뒤에는 예수님이 약속하신 영원한 행복이 있습니다.

 따라서 그리스도인들은 영성체를 할 때마다 자신이 해야 할 일이 무엇인지, 그리스도인이 된다는 것이 무엇인지 생각하고, 세례 때의 결심을 계속 반복하여 갱신하게 됩니다.

 만일 우리가 영성체를 하면서도 아무런 감흥도, 신앙 생활의 변화도 느끼지 못하거나 한다면, 일단 자신의 신앙 상태를 점검할 필요가 있을 것입니다. 신앙인은 세례로써 구원의 완성에 다다른 것은 아니기 때문에 예수님을 따르는 길에 있어 끊임없이 자신을 쇄신할 수 있어야 하기 때문입니다.

미사 때 왜 성체만 영하나요?

가톨릭에 입문하고자 준비하고 있는 예비자입니다. 개신교에 다니는 친구가 미사의 영성체에 대해 비판하여 말하기를, "최후 만찬 때 예수님은 제자들에게 빵과 포도주를 다 주셨는데 왜 천주교에서는 신부만 둘 다 영하고 신자들은 성체만 영하는가, 그것은 반쪽 성찬례가 아닌가" 하였습니다. 이에 대한 가톨릭의 입장은 무엇인지요?

최후 만찬 때 예수님께서는 제자들에게 빵을 주시며 "이는 내 몸이다" 하시고, 포도주 잔을 돌리시면서 "이는 내 피다" 하고 말씀하셨습니다.
이러한 예식을 통하여 예수님은 제자들이 당신의 파스카 신비를 언제나 기억하도록, 그리하여 당신 사업이 이 세상에서 끊임없이 이어지도록 하셨습니다. 그래서 "여러분은 나를 기억하여 이를 행하시오"(1고린 11,24-25) 하고 당부하셨던 것입니다.

성령강림 후 제자들은 예수님의 분부대로 만찬 예식을 행하는 가운데 빵과 포도주를 마실 때마다 그분의 행적과 말씀을 새겨듣고, 자신들 역시 예수님처럼 성부의 뜻대로 살아가기를 다짐하곤 하였습니다.
그리하여 "이 빵을 먹고 이 잔을 마실 때마다 여러분은 주님께서 오실 때까지 주님의 죽으심을 전하시오"(1고린 11,26)라는 사도 바울로의 말을 실천하였습니다. 이렇게 충실하게 예수님의 말씀을 따라 성체와 성혈을 영했던 교회가 왜 성체만 영하는 방식으로 바꾸었는가?

현실적 이유

일반적으로 11세기까지는 양형영성체(성체와 성혈을 다 받아 모시는 것)가 지켜졌으나 12세기말에 이르러 단형영성체(성체만 영하는 것)가 우세하게 되었습니다. 이렇게 된 데는 다음 몇 가지 이유가 있었습니다.

첫째, 전염병에 대한 두려움입니다.

얼마 전까지만 하더라도 교회에서는 사제가 신자의 입에 직접 성체를 넣어 주었습니다. 신자들이 그리스도의 몸인 성체를 함부로 다룰까 염려하여서 그러했으나, 성체를 입에 영해 줄 때 사제의 손에 신자의 입에서 나온 침이 묻게 마련이었습니다. 침을 일일이 닦을 수 없는 사제로서는 침 묻은 손가락으로 계속 성체를 영해 주어야 하는데, 그것이 위생 문제와 연결되지 않을 수 없었습니다. 만일 어느 한 신자가 전염병을 가지고 있다면 성체를 영하는 신자는 모두 사제의 침 묻은 손가락을 통해 전염될 것이 아닌가 하고. 이에 신자들의 성체께 대한 신앙의 성숙을 함께 고려한 교회는 입으로 성체를 영해 주는 방식 대신 신자의 손에 성체를 얹어 주는 방식으로 바꾸었습니다.

미국 교회는 일찍이 양형영성체를 도입하였으나, 에이즈(AIDS)에 대한 공포 때문에 신자들이 성작에 입 대기를 꺼려한다는 이야기를 들었습니다. 성혈을 모시기 위해서는 아무래도 성작에 직접 입을 대야 하는데, 자기보다 먼저 성혈을 영한 사람 가운데 질병을 가지고 있는 사람이 없다고는 장담할 수 없기 때문이었습니다. 이와 마찬가지의 이유가 중세 교회에도 있었습니다. 과학이 발달한 현대에도 질병에 대한 두려움이 있는데, 아직 병에 대한 연구가 미진하였던 중세에는 전염병에 대한 두려움이 얼마나 컸을지는 충분히 짐작이 가고도 남는 일입니다.

둘째, 공동체의 규모가 커진 데서 오는 문제입니다. 초기

사도시대 교회나 우리나라 농촌 성당처럼 가족적인 분위기의 소공동체에서는 양형영성체를 하는 데 별반 어려움이 없을 것입니다. 그러나 서울 같은 대도시의 큰 성당에서 양형영성체를 한다고 생각해 보십시오. 미사 전례가 지나치게 길어짐으로써 신자들이 얼마나 피곤해질지 충분히 상상할 수 있을 것입니다. 큰 본당에서는 성체를 영해 주는 것만도 많은 시간을 투자해야 합니다. 성체 분배자가 여럿 있으면 그나마 낫지만, 그래도 성체 분배 자체가 하나의 시련(?)이 될 수도 있습니다. 이러한 차에 성혈까지 영해 준다면 예식이 얼마나 장황하게 되는지요. 성작을 들고 있을 복사들이 성체 분배자마다 한 명씩 따로 있어야 할 것이요, 한 신자당 영성체하는 시간도 자연 길어지게 마련일 것입니다.

신학적 이유

단형영성체를 정당화하는 데 결정적 역할을 한 신학적 이유는 다음과 같습니다. 빵과 포도주라는 형상 안에 예수님이 계시다고 말할 때, 이는 빵(성체) 안에는 예수님의 살만 존재하고 포도주(성혈) 안에는 예수님의 피만 존재하는 것으로 이해해서는 안되고, 오히려 성체에도 온전히 예수님이 계시고 성혈 안에도 예수님이 온전히 계시다는 신학이 발전하게 되었습니다. 이러한 신학이 발전하게 됨으로써 성체만 영해도 예수님을 온전히 모시는 것이란 결론이 자연스럽게 나왔습니다.

다른 한편 성혈 안에 예수님이 현존하신다는 신학이 발달함으로써, 미사 때 성혈을 마시다가 성혈을 쏟을까 두려워하는 가운데 점차 성혈을 마시지 않게 되었습니다.

서방 교회의 이러한 단형영성체 관행은 항상 양형영성체를 하는 동방 교회들과 서방 교회의 일부로부터 반박을 당하게 되었고, 이에 로마 교회는 1415년의 콘스탄츠 공의회에서 양형영성체를 금하는 결정을 내리고, 이후 제2차 바티칸 공의회까지 양형영성체가 허락되지 않았습니다.

다시 양형영성체로

위에서 말한 실제적 이유와 신학적 이유로 인해서 단형영성체 관행이 교회 안에 자리잡게 되었지만, 성찬례(미사)의 의미를 꿰뚫어본 제2차 바티칸 공의회 이후의 전례 개혁은, 신자들이 양형영성체를 할 때 미사의 본의미가 더 잘 드러나게 된다고 천명하였습니다(미사경본의 총지침 240-252항 참조). 즉, 최후 만찬 모습과 가깝게 지냄으로써, 최후 만찬이 드러내고자 하였던 십자가 제사의 의미를 신자들이 좀더 실감나게 접할 수 있다고 본 것입니다.

이제 신자들이 양형영성체를 하는 것이 신학적으로는 아무 문제가 없습니다. 하지만 위에서 언급한 중세의 현실적인 이유들이 여전히 우리에게도 유효한 까닭에 양형영성체를 실시하는 데는 많은 어려움이 있는 것이 사실입니다. 특히 큰 본당은 작은 본당보다 상대적으로 더 많은 어려움을 가지고 있다 하겠습니다. 하지만 소공동체 미사, 피정과 같은 특수한 경우에 드리는 미사 때는 양형영성체를 하는 것이 바람직하다고 봅니다.

미사 때 이루어지는 동작의 의미(1)

 갓 신자 생활을 시작한 한 신자가 미사 때 이루어지는 동작들 하나하나의 의미가 무엇인지 제게 물어 왔을 때, 신자 생활을 꽤 오래 한 저 역시 그 의미도 모른 채 그저 습관적으로 신자들의 동작을 따라 하고, 신부님이 행하시는 동작들에 대해서도 그 의미를 생각하지 않고 살아 왔음을 알았을 때 참 부끄럽게 생각하였습니다. 미사 때 행하는 동작들의 의미가 무엇인지 알려 주시면 감사하겠습니다.

 인간이 천사와 같은 순수한 영적 존재라면 자신의 마음을 상대방에게 영적으로 직접 전달할 수 있을 터이지만, 불행히도 인간은 그러하지 못합니다. 말과 몸짓을 통하지 않고서는 자신의 의사를 상대에게 직접 전하기가 힘듦을 깨달은 인류는 끊임없이 각 지역과 문화에 따라 언어적 표현과 행위적 표현(몸짓)을 발전시켜 왔습니다.
 문제는, 이러한 언어 습관과 문화가 온 인류에게 똑같이 적용되는 것은 아니라는 데에 있습니다. 인사하는 방식만 하더라도 우리나라에서는 고개를 숙이거나 허리를 숙이는 방식을 사용하는 반면 서양에서는 볼에 입맞추거나 악수를 함으로써 반가움을 드러냅니다. 같은 지역, 같은 문화권에 속해 있다 하더라도 시대에 따라 몸짓과 언어의 의미가 달라지기도 합니다. 조선 시대 때의 인사 방식과 지금의 인사 방식이 다르다는 것을 우리는 잘 알고 있습니다.

서양에서 발전한 전례
 잘 아시다시피 그리스도교는 지금의 이스라엘, 곧 팔레스티나에서 시작하여 서양에서 발전하였기 때문에 전례 역시 그 시대, 그 지방의 문화적 요소들을 받아들였습니다. 전례란 것이 하느님의 신비를 인간이 알아들을 수 있는 표지(상징, 언어, 동작)로 이루어졌음을 감안한다면, 각 시대의 문화적 요소들이 전례 안에 스며든다는 것은 당연한 결과였습니다. 이렇게 형성된 전례이기에 20세기 한국에 사는 우리가 현재 전례 안에서 이루어지는 동작과 말을 다 이해하기란 쉬운 일이 아닐 것입니다. 특히 중세에 들어와서 인간의 동작이 원래 뜻하던 의미 대신 상징적인 그리스도교적 해석을 덧붙였기 때문에 중세의 상징적 해석에 익숙하지 못한 우리가 그것을 이해하기란 사실상 어려운 일입니다. 문제는 이러한 상징적 해석이 아직도 우리 주위에 남아 있다는 점인데, 여기서 저는 각 동작이 미사 안에서뿐만 아니라 전례 전반에 걸쳐 어떤 의미를 갖는지도 살펴보고자 합니다.

동작의 종류

우리 인간의 동작들이 다 똑같은 기능과 목적을 가지고 있지는 않습니다. 따라서 전례 안에서 행해지는 동작들도 다음과 같이 여러 종류로 나누어 볼 수 있겠습니다.

첫째, 기능적 동작입니다. 즉, 어떤 일을 행하기 위해서 이루어지는 동작들입니다. 예를 들어 성작이나 손을 닦는 행위, 제대를 향해 나아가는 행렬 등이 바로 그러합니다.

둘째, 말과 동작을 함께 행함으로써 그 행위가 무엇을 뜻하는가를 드러내는 동작입니다. 그러한 동작으로 우리는 참회 기도 때 "제 탓이요" 하면서 가슴을 치는 동작을 들 수 있겠습니다.

셋째, 온전히 상징적인 동작이 있습니다. 세례 때 새로 영세받은 이에게 흰옷과 초를 주는 행위, 성찬례(미사) 때 사제가 영성체를 하기 전 성체 조각을 성혈과 섞는 행위가 바로 그러합니다.

이렇듯 여러 가지 전례 동작 가운데 우리는 현재 전례, 특히 미사 안에서 발견되는 동작들이 무엇을 뜻하는 것인지에 대해서만 다루고자 합니다.

성호(聖號)를 그음

성호를 긋는다는 것은 성호의 대상이 되는 물건이나 사람을 거룩하게 만드는 행위로 해석되었으니, 신자들이 성호를 긋는 동작을 하였다는 것은 2세기말의 교부 떼르뚤리아노의 기록에서 찾아볼 수 있습니다. "어떤 동작을 할 때마다, 옷을 입고 신발을 신을 때, … 일상 생활의 모든 동작마다 우리는 십자가 표시(성호)를 긋는다."

성호 긋는 동작은 사람이나 물건 모두에 대해서 할 수 있으며, 자기 자신에 대해서 또는 다른 사람이나 물건에 대해서 할 수 있습니다. 처음에는 그저 이마에만 엄지손가락으로 십자를 긋는 양식이었지만 점차 시간이 흐르면서, 특히 그리스도의 신성(神性)을 부인하는 아리아니즘을 반박하기 위하여 삼위일체를 상징하고자 이마에서 심장으로 그리고 가슴 위 부분을 긋는 현대식의 성호 방식이 도입되었습니다. 이때 "성부와 성자와 성령의 이름으로"라는 삼위일체 기도가 첨가되었습니다.

성당에 들어설 때 성수를 찍어 십자를 긋는 행위와, 미사 시작 때 사제가 십자를 그으며 "성부와 성자와 성령의 이름으로" 할 때 신자들도 십자를 그으며 "아멘" 하고 대답하는 것은 세례 때의 우리 신앙 고백을 다시 한번 되풀이하는 것으로 볼 수 있습니다.

우리 신앙의 핵심은 바로 성부·성자·성령께 대한 삼위일체 신앙을 고백하는 것이기 때문입니다. 성수(聖水)가 세례수를 상기시키고, "성부와 성자와 성령의 이름으로" 하는 말 역시 세례를 베풀 때 하는 기도문이라는 데서 이러한 사실을 잘 알 수 있습니다.

또한 복음을 읽기 전 신자들이 모두 이마와 입술, 심장(가슴)에 엄지손가락으로 십자를 긋는데, 이 역시 삼위일체이신 하느님께 대한 신앙을 고백하는 행위라 하겠습니다. 어떤 이는 이마에 긋는 십자 성호는 복음에 대한 이해를, 입술에 긋는 십자 성호는 복음 선포를, 가슴에 긋는 십자 성호는 복음을 행동으로 옮기겠다는 것을 드러낸다고 해석하는데, 이러한 해석이 뚜렷한 역사적 근거가 있는 것은 아니지만 위에 말한 삼위일체 신앙과 연계시켜 해석한다면 충분히 받아들일 수 있는 해석이라고 봅니다.

일어섬

 초기 그리스도인들에게 있어 일어섬은 비그리스도인들과 마찬가지로 존경과 공경의 표시였습니다. 하지만 그리스도인들은 여기에 또 다른 의미를 덧붙였으니, 그것은 자신들이 세례를 통해 하느님의 자녀가 갖는 자유를, 종살이에서 벗어난 자유인임을, 동시에 그리스도의 부활에 동참함을 드러내는 표지였습니다. 때문에 제1차 니체아 공의회(325년)는 부활의 기쁨을 드러내는 주일과 파스카 시기(부활시기)에 무릎을 꿇지 말고 서서 예배를 보도록 의무화시켰던 것입니다. 이러한 사상은 이보다 훨씬 전인 2세기말의 교부(敎父) 떼르뚤리아노가 주장하던 바였습니다.

 또한 일어섬은 희망과 믿음으로 종말을 기다리는 사람의 자세이자, 사제직을 수행하는 이의 자세입니다. 여기서 말하는 사제직이란, 서품성사를 통해 사제가 된 이들의 직분만을 뜻하지 않고 세례를 통해 그리스도의 사제직을 물려받은 모든 신자를 말합니다.

 성찬례 안에서만 그 뜻을 살펴보면 다음과 같습니다. 예수께서 회당에서 성서를 읽으실 때 일어서셨다는 복음의 기술(루가 4,16)을 미루어 알 수 있듯이 서 있는 동작은 하느님 말씀에 대한 경청과 존경심을 가리킵니다. 알렐루야와 더불어 시작되는 복음 낭독 때 우리 모두가 일어서는 것은 바로 사제를 통해 말씀하시는 주님께 경의를 표하기 위한 것입니다.

 서 있는 자세는 또한 마르 11,25(여러분이 서서 기도하려고 할 때에 …)와 루가 18,11-13(바리사이와 세리에 관한 비유)에서 볼 수 있듯이 하느님께 기도하는 이의 자세이기도 합니다. 사제가 성당에 입당할 때부터 본기도를 할 때까지, 신앙고백부터 보편 지향 기도를 할 때까지, 이외 미사중에 일어서는 것은 사제와 더불어 함께 기도하기 위한 것입니다. 성 베네딕도에 의하면 수도자들은 시편을 노래할 때 서서 하였다고 합니다.

미사 때 이루어지는
동작의 의미(2)

 전례 안에서의 동작, 특히 미사 안에서의 동작이 지니는 의미를 집중적으로 살펴보도록 하겠습니다.

앉음
 마태오 복음사가의 묘사에 따르면(마태 5,1이하) 산에서 백성을 가르치실 때 예수님은 앉아 있었다고 합니다. 이러한 자세는 팔레스티나를 위시한 당시 중동 지방에서 가르침을 베푸는 스승, 공식 직무를 수행하는 관리, 재판관, 다른 사람들과는 다른 특별한 품위를 갖고 있는 이를 드러내는 전형적인 모습이라 하겠습니다. 지금도 남아 있는 옛 성당들의 모자이크를 보면 자리에 앉아 가르치시는 스승으로서의 예수님의 모습을 쉽게 찾아볼 수 있습니다. 이렇듯 앉은 자세는 스승의 위엄과 권위를 드러낸다고 하겠습니다.
 마르 3,31 이하를 보면 예수님이 가르치실 때 제자들이 그분 주위에 모여앉아 말씀을 경청하고 있음을 알 수 있듯이, 앉아 있는 자세는 또한 가르침을 받는 사람이 스승의 말씀에 귀를 기울인다는 것을 보여주는 동작이기도 합니다. 미사 때, 특히 주일 미사의 제1독서와 제2독서 때 신자들이 자리에 앉아 있는 것은 바로 이러한 의미에서입니다.

무릎꿇음
 누군가에게 용서를 청할 때, 또는 무엇인가 간절히 애원할 일이 있을 때 우리는 무릎을 꿇거나 엎드립니다. 여기서 알 수 있듯이 엎드리거나 무릎꿇는 자세는 상대에 대한 나의 무력함을 인정하고 그에게 자비를 바랄 때 사용되는 자세입니다.

 따라서 이 두 자세가 전례 안에서 사용될 때는, 하느님과 교회 앞에서 나의 잘못과 약함을 인정하는 자세이자, 하느님께 간절히 무엇인가를 청하는 자세입니다. 예수님이 십자가 처형을 당하기 전 올리브 동산에서 고통중에 하느님께 기도하실 때 취하신 동작이 바로 무릎꿇는 자세였던 것입니다(루가 22,41). 그런데 공간이 충분하지 못한 성당에서 엎드리는 자세로 기도하기란 사실상 곤란하므로 무릎꿇는 자세가 주로 사용된다고 하겠습니다.

 시간이 흐르면서 무릎꿇는 자세는 고개를 숙이는 자세와 함께 공경을 드러내는 자세로 사용되기 시작하였습니다. 감사기도문을 할 때 신자들이 무릎꿇는 것은 이제 이루어지는 파스카 신비의 재현에 대해 공경심과 경외심을 드러내면서, 미천한 나이지만 우리를 위해 돌아가신 그리스도를 따라 하느님의 뜻을 좇겠다는 마음의 표현입니다.

 일부 본당에서 성당이 비좁다는 이유로 장궤틀을 없애는 일이 있는데, 이는 우리 몸을 이용하여 더욱 간절한 마음을 표현할 수단 자체를 없앴다는 점에서 잘못된 일이라 아니할 수 없습니다.

한쪽 무릎을 꿇음

 한쪽 무릎을 꿇는 것은 비그리스도인들의 관행에서 나왔습니다. 고대 로마인들은 신적(神的) 존재인 황제를 공경하고 예배할 때 바로 이 자세를 취했었습니다. 처음엔 이 동작이 비그리스도인들의 자세였으므로 그리스도인들은 이 자세를 사용하지 않았으나 시간이 흐르면서 이 자세의 이교도적 의미가 사라지고 단순히 높은 사람에 대한 존경을 뜻하게 되면서 그리스도교 안에 들어오게 되었습니다. 그리하여 이 자세는 주교나 교황에게 하는 인사로서, 나중에는 제대, 십자가, 성인 유해, 그리스도와 성인들의 상(像)

앞에서도 한쪽 무릎을 꿇어 경의를 드러내었습니다.

11세기에는 성체 안에 그리스도께서 실존하신다는 것을 강조하기 위하여 성체 앞에서 이 자세를 취하기 시작하였고, 16세기에 미사 안에 들어오기 시작하다가 결국 1570년의 비오 5세 로마 미사경본 안에 포함되기에 이르렀습니다. 하지만 유럽식의 인사 자세인 이 동작이 우리 실정에는 어울리지 않는다고 판단하였기에 한국 교회는 성당에 들어갈 때 허리를 숙여 절하는 것으로 바꾸었는데, 이는 우리 풍습에 맞추었다는 점에서 참 잘된 결정이라 하겠습니다. 이전에는 성체를 모시고 나서 제대 앞에서 한쪽 무릎을 꿇곤 하였는데, 이제는 성체 앞에서나 제대 앞에서 허리를 숙여 절하거나 양쪽 무릎을 다 꿇고 기도하는 방식이 일반적으로 사용되고 있습니다.

고개를 숙임

고개 숙임은 일반적으로 무릎꿇는 동작과 거의 비슷한 의미를 가지고 있습니다. 즉, 하느님께 대한 공경과 겸손한 탄원의 의미, 인간이나 물건에 대한 존경심과 공경심을 동시에 가지고 있는 것입니다. 그리하여 영광송을 바칠 때, 강복 때, 하느님의 이름을 발음할 때 공경심을 드러내기 위해서, 하느님께 봉사하는 성직자들에게, 성인의 이름을 거론할 때 그들에 대한 존경심을 표현하기 위해서, 제대, 십자가를 위시한 성물(聖物)에 대한 존중을 나타내기 위해서 이 동작을 사용합니다. 이외에도 참회기도 때 참회의 마음을 드러내기 위하여, 무엇을 청하는 기도를 드릴 때 이 동작이 쓰입니다. 이런 점에서 보면 고개를 숙이는 동작은 무릎을 꿇는 동작을 대신한다 하겠습니다.

중세 이래 영광송 때, 니체아 신경과 "거룩하시도다"에서 "성령"의 이름이 나올 때 고개를 숙이는 관행이 생겼는데, 이제는 거의 사라지고 대신 공경의 대상이 되는 모든 것, 예를 들어 제대, 성상(聖像), 십자가, 성직자, 성체 앞에서 고개를 숙입니다. 또한 고백기도 때 참회의 마음을 드러내기 위해서, 감사기도를 바칠 때 성체에 대한 공경을 나타내고자, 사제의 기도에 참여함을 보이기 위해 사제가 기도를 바칠 때 고개를 숙입니다.

가슴을 침

이 동작은 고뇌와 슬픔을 표현하는 행위이자 자신의 죄를 뉘우친다는 의미를 담고 있습니다. 죄의 뿌리가 바로 심장에 있다는 예로부터의 생각이 이러한 동작을 낳았다고 할 수 있습니다. "세리는 멀찍이 서서 감히 하늘로 눈을 들 생각도 못하고 자기 가슴을 치며 '하느님, 이 죄인에게 자비를 베풀어 주십시오' 하고 말했습니다"(루가 18,13).

우리가 참회기도의 "제 탓이요" 부분에서 가슴을 치는 것은 바로 자신의 죄를 인정하고 하느님의 자비를 바라는 세리의 마음이 되기 위한 것이므로 신중하고도 진지한 마음으로 이 동작을 해야 할 것입니다. 일부 신자들이 성체를 받들어 올릴 때 공경심을 드러내기 위해 가슴을 치기도 하는데, 이는 본래의 의미와는 동떨어진 것이며 따라서 전례 안에서 이 순간 사용하지 않는 것이 좋습니다.

미사 때 이루어지는 동작의 의미(3)

성찬례(미사)에 참여하다 보면 신부님이 제대에서 여러 동작을 하시는 모습을 보게 되는데, 그 뜻하는 바가 무엇인지 잘 모르니까 어떤 때는 그것이 일종의 마술처럼 여겨질 때가 있습니다. 신부님의 동작들에 어떤 의미가 들어 있는지, 있다면 그 뜻은 무엇인지 설명해 주시기 바랍니다.

우리가 일상 생활을 할 때도 여러 가지 동작들을 취하게 됩니다. 그런데 이러한 동작들이 아무 의미 없이 이루어지는 것이 아님을 우리는 잘 알고 있습니다. 어느 순간에 이루어져야 할 동작이 제대로 되지 않을 때, 우리는 사람들로부터 "예의 없다"는 꾸중을 듣는데, 그것은 각 동작이 나름대로의 뜻을 담고 있기 때문입니다.

그런데 이러한 동작은 사람들 사이에 미리 그 뜻이 정해진 일종의 약속된 몸짓 언어입니다. 따라서 각 나라마다 각 민족마다 같은 몸짓이 서로 다른 의미를 지닐 수도 있습니다.

전례 안에서 이루어지는 동작도 일종의 언어입니다. 사제가 어떤 동작을 취한다 해서 그것이 마술적 힘을 가지기 때문에 그렇게 하는 것은 아닙니다. 단지 전통적으로 어떤 동작은 어떤 의미를 가진다는 사람들 사이에 이루어진 약속 때문에 각 동작들이 의미를 갖게 되는 것입니다.

이제 신자들이 취하는 동작의 의미를 보았으므로, 여기서는 신부가 취하는 자세가 뜻하는 바를 살펴보도록 하겠습니다.

팔을 벌림

현재 우리의 전례를 보면, 팔을 벌리는 자세는 주로 사제가 취하는 자세라 할 수 있을 것입니다. 어떤 이는 팔을 벌리는 자세가 예수님이 십자가에서 매달리실 때의 자세를 모방한 것이라고 하지만, 이는 중세 때 미사를 신비적으로 해석하면서 각 동작에 억지로 의미를 부여하려던 관행에서 나온 것으로서 사실 역사적 근거가 없는 해석이라 할 것입니다.

팔을 벌리는 자세는 하늘을 향해 내 마음을 들어올리는 자세입니다. 하늘은 하느님이 계신 곳으로 추정되어 왔고, 따라서 팔을 벌리는 자세는 하느님께 기도하는 자세입니다. 따라서 초기 교회 때는 사제뿐만 아니라 신자라면 누구나 하느님께 기도를 바칠 때 팔을 벌리는 자세로 하였습니다. 일부 본당에서 「주의 기도」를 바칠 때 신자들이 사제와 더불어 팔을 들어 기도하는데, 신자들이 전례 안에서 능동적으로 참여하는 한 방식으로 권장될 만한 것이라 하겠습니다.

행렬

다른 전례 동작들과 마찬가지로 행렬 또한 기능적 목적과 상징적 의미를 가지고 있습니다. 시작 예식 때 제대를 향한 사제와 봉사자들의 행렬, 봉헌 행렬, 영성체 행렬, 이렇게 세 번의 행렬이 성찬례(미사) 안에서 이루어집니다. 각 행렬이 미사를 시작하기 위해 제대로 나아가는 것, 봉헌을 하는 것, 영성체를 하는 것과 같은 기능적 목적을 가지고 있기는 하지만, 이 세 행렬은 다음과 같은 상징적 의미를 공통적으로 가지고 있습니다. 즉, 예수 그리스도를 상징함과 동시에 성찬례가 이루어지는 공간인 제대를 향해 나아감으로써, 예수 그리스도가 완전한 주권을 행사하는 세상 종말을 향해 순례하는 교회의 모습을 드러내는 것입니다. 중세 초기에 만들어진 바실리카 양식(직사각형의 내부 구조를 가지고 있음)의 성당들을 보면 벽에 그림이나 모자이크로 장식되어 있는데, 여기에 나오는 인물들은 제대 또는 제대 위 벽이나 천장에 그려져 있는 그리스도를 향하고 있습니다. 이것 또한 일종의 종말론적인 행렬을 나타내고 있는 것이며, 우리의 행렬과 일맥상통한다 하겠습니다.

안수(按手)

야곱이 자기 열두 아들들의 머리에 팔을 얹어 축복하여 주는 모습에서 알 수 있듯이(창세 48,14 이하) 안수는 무엇보다도 축복의 자세입니다. 어떤 사람이 죄를 지었을 때 속죄의 제물로 짐승을 가져오면 사제는 그 짐승에게 안수를 한 다음 죄인 대신 희생 제물로 바쳤다는 기록이 나오는데(출애 29,10), 여기서 안수는 짐승을 가져온 이와 짐승을 동일화하는 역할을 한다고 할 수 있습니다.

모세의 안수를 받은 여호수아가 모세의 직분을 이어받아 이스라엘 백성을 이끌고 가나안으로 들어갔다는 기록에 드러나 있듯이, 안수는 직무의 전달과 그 직무를 수행할 능력의 전수를 뜻하기도 했습니다. 예수님은 병자들을 고쳐주실 때 안수를 하셨다고 했습니다. 또 세례 때 안수를 해 줌으로써 세례받은 이들이 성령을 받게 되었음을 표현했습니다.

여기서 알 수 있듯이 안수는 무엇보다도 성령의 선물을 뜻했습니다. 축복도, 직무의 전달도, 병의 치유도 모두 성령의 선물로 가능했던 것입니다.

미사에서의 안수는 사제가 손을 모아 빵과 포도주 위에 펴 얹는 것으로 드러납니다. 이때의 의미는 성령이 빵과 포도주 위에 내려오시어 그것들을 거룩하게 만들어 그리스도의 몸과 피로 변화시켜 달라는 청원의 의미입니다. 전례학에서는 이것을 에피클레시스(epiclesis)라고 부르는데, 성령을 청하는 기도라는 뜻입니다(저는 이 말을 "성령청원기도"라고 번역했음).

빵와 성작을 받들어 올림

이 동작은 성찬례(미사) 안에서 세 번 이루어집니다. 성찬 제정의 말씀 때 "너희는 모두 이것을 받아 먹으라… 받아라. … 받아 마셔라", 감사기도문 끝에 "그리스도를 통하여 그리스도와 함께 …"라는 마침 영광송 때부터 신자들이 "아멘"으로 응답하기까지, 마지막으로 평화의 인사를 한 다음 "하느님의 어린양 … "이라고 말할 때입니다.

성찬 제정 말씀 다음에 빵과 성작을 받들어 올리는 것은, 이 순간 빵과 포도주가 성체와 성혈로 변한다는 신학에 영향을 받기도 했지만, 무엇보다도 주님의 몸과 피로 변한 빵과 포도주를 보고 싶어하는 신자들의 열망을 채워 주기 위한 것이었습니다. 그래서 12세기에 빵을, 13세기에는 성작을 들어 올리는 관행이 나왔습니다. 이로써 마침 영광송 때 빵과 성작을 받들어 올리는 동작으로 성찬례 안에서 이루어진 파스카 신비를 경하하는 의미가 상당히 축소되기에 이르렀습니다.

성반과 성작을 받들어 올리는 것은 무엇보다도 우리의 관심과 경외심을 끌어내면서, 성체와 성혈에 대한 존경심과 신앙을 드높이기 위한 것입니다. 이런 의미에서 본다면 마침 영광송 때의 받들어 올림이 가장 성대하게 이루어져야 한다고 봅니다. 감사기도 끝에 삼위일체이신 하느님께 영광을 돌리고, 신도들이 이에 "아멘"으로 대답하는 순간이야말로 우리 신앙의 절정이기 때문입니다.

얼마만큼의 돈을 바쳐야
미사 효험이 …

입시철이 가까울수록 부모님들은 더 바빠집니다. 시험을 치르는 아이들보다 더 애태우는 분들이 부모님들입니다. 그래서 부모들은 죄인이 된 양, 집안에서는 아이들의 눈치를 보고, 밖에서는 자기 아이의 시험에 도움이 될 수 있는 것은 무엇이나 다 해보고 싶어집니다. 점을 치러 간다, 효험이 있다는 부적을 산다, 또는 이 방면에(?) 영험을 갖고 있다는 소위 도사님들을 찾아다닙니다.

이 점에 있어서는 가톨릭 신자들도 그다지 예외는 아닌 듯 싶습니다. 수험생을 둔 어느 어머니가 있었습니다. 성당에 열심히 다니던 그 어머니가 어느 날 본당신부님께 봉투를 내밀었습니다. 보통의 미사예물보다 월등히 많은 액수의 돈이 들어 있었습니다. "아이의 합격을 위해서"라는 지향과 함께! 그러나 불행히도 아이는 시험에 떨어졌습니다. 그 어머니가 분개한 얼굴로 신부님을 찾아와서는 큰 소리로 말했습니다. "신부님의 하느님은 능력이 없었으니까 내가 준 돈 도로 돌려 주세요!"

많은 신자들이 미사예물의 뜻을 모르고 있는 것 같습니다. 그래서 오해도 많고, 또 다른 이들에게 나쁜 표양을 주는 것 같습니다.

초기 교회 신도들은 봉헌 때 자기가 받은 하느님의 은혜에 감사하는 뜻으로 빵, 포도주, 우유, 꿀 그밖에 우리 생활에 필요한 것들을 가져왔습니다. 그러면 주례자(사제)는 이중에서 얼마를 떼어 미사 때 사용하고 나머지는 자신이 보관하였습니다. 자신의 생활과 가난한 사람들을 돕기 위해서였습니다.

결국 사제의 생활과 교회의 운영 및 사제의 사목활동(특히 자선사업)을 돕는다는 뜻으로 신도들은 물건을 가져왔고, 이것이 9세기 이후에 돈으로 대치하여 가져왔던 것입니다.

이같이 자기가 갖고 있는 물질의 일부를 바치는 것은 자기가 받은 하느님의 은혜에 감사를 드리면서 동시에 교회의 활동을 경제적으로 돕는다는 뜻이 들어 있는 것입니다.

물론 죽은 이를 위해, 혹은 어떤 일의 성사를 위한다는 특별 지향을 갖고 사제에게 미사를 청하면서 예물을 바치기도 합니다만 그렇더라도 그 본래의 뜻은 교회의 사목활동을 경제적으로 돕는다는 것입니다. 단지 사제는 이같은 특별 지향을 위해서 혼자 기도할 뿐입니다.

미사예물의 정신이 이렇다면, 효험이 있다는 사제를 찾아다니거나, 미사예물의 액수에 따라 그 효과가 다르다고 생각하는 것은 얼마나 그릇된 일입니까?

더더구나 미사는 "공동체"의 예배임에도 불구하고 자기가 미사 지향을 둔 그 미사는 마치 자기 것인 양 착각한다면 이 얼마나 우스운 일입니까? 미사 지향판에 자기 이름이 적혀 있고, 미사중에 신부 입에서, "이 미사는 누구 누구를 위한 미사입니다"라는 말을 들어야만 만족해하는 신자는 혹시나 하느님의 은혜를 돈으로 살 수 있다고 생각하는 이단자는 아닌지요.

미사예물의 본뜻을 따르고자 한다면, 가난한 사제와 교회에 그 혜택이 돌아갈 수 있도록 배려함이 어떻습니까? 예를 들어 생활이 넉넉한 도시의 교회에서 가난한 시골 교회에 미사예물을 모아서 보내주는 식으로.

III. 여성은 사제가 될 수 없는가?

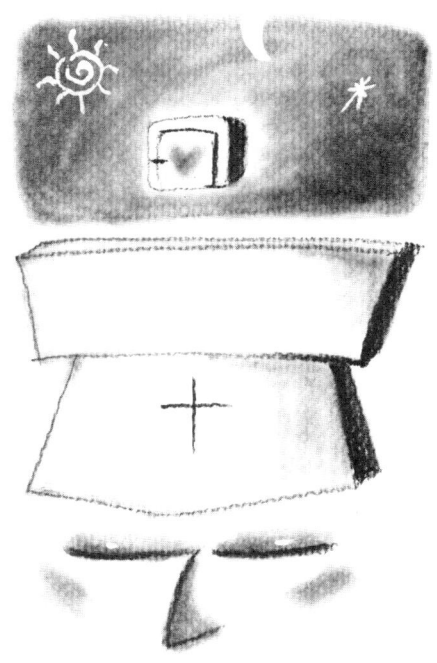

성사(聖事)가 뭐죠?

가톨릭 교회에서 가장 많이 듣는 단어 가운데 하나는 "성사"(聖事)입니다. 이 말은 신자 생활을 하는 중에 자연스레 귀에 익은 말이긴 하지만, 정작 그 뜻을 정확히 꼬집어 말하기는 쉽지 않습니다. 아마 그 이유는, 성사란 하느님에 관계된 것으로서 우리가 감히 알 수 없는 어떤 신비스러운 것이라고 은연중 교육받았기 때문이 아닌가 싶습니다.

서로 사랑하는 한쌍의 젊은 남녀는 "사랑해"라는 말이나 포옹만으로는 서로의 사랑을 다 드러낼 수 없음을 압니다. 그들은 항상 같이 있을 수 없기에, 떨어져 있을 때에도 서로의 사랑을 확인시킬 그 어떤 표지가 필요함을 느낍니다. 바로 이 표지의 대표적인 것이 반지일 것입니다. 이때의 반지는 그저 단순한 귀금속이 아니라, 상대의 사랑을 확인하는 상징이므로 더없이 소중한 것이 됩니다. 반지를 볼 때마다 자기의 소중한 사람의 모습을 그리게 되는 거죠.

성사는 바로 이런 것입니다. 즉, 보이지 않는 하느님을 우리에게 드러내 보여주는 표지이며, 하느님께서 우리에게 주시는 은총을 전해 주는 도구이자 그 상징입니다.

반지가 사랑하는 이의 모습을 드러내주고, 그의 사랑을 전해 주듯이 성사도 하느님의 모습을 그리고 하느님의 은총을 우리에게 효과적으로 드러내주고 전해 주는 표지, 상징들입니다.

우리가 흔히 말하는 7성사란 개념은 12~13세기, 신학이 현학적으로 발전하고, 정교한 철학적 논리가 신학에 도입된 시기에 형성된 것입니다.

이전엔 하느님을 드러내주는 모든 것, 그분의 은총을 우리에게 전달해 주는 모든 수단이 성사였습니다. 아름다운 꽃, 밤하늘의 별들, 해, 달 … 무엇이든 하느님의 아름다움을 생각하게 할 때 그것은 곧 하나의 성사로 여겨졌습니다. 한마디로 말해서 하느님과 그분의 은총을 드러내주는 모든 것이 성사였습니다.

 이같은 개념은 오늘날에도 유효합니다. 예를 들어 "그리스도는 하느님의 성사다"라고 할 때, 이 말은 그리스도께서는 보이지 않는 하느님을 온전히 우리에게 전해 주신다는 것을 뜻합니다. "교회 또한 성사다"라는 말은 교회는 그리스도의 신비체로서 하느님의 은총이 교회를 통해서 드러난다는 것을 함축하고 있습니다.
 교회는 공식적으로 다음의 성사들만을 인정합니다. 하느님의 자녀로 새로 태어나는 세례, 자녀답게 살 수 있는 힘을 주는 견진, 그리스도의 몸과 피를 먹고 마시면서 파스카 신비를 재현하는 성체(성찬례), 병자와 죽을 위험에 있는 이에게 용기와 힘을 주는 병자성사, 죄로 인하여 단절된 하느님과 이웃과의 관계를 회복시켜 주는 고해, 하느님의 뜻에 맞갖은 부부생활을 위한 혼인, 교회 안에서 봉사할 직무를 수행할 이들을 위한 서품, 일곱 가지 성사(7성사)입니다.
 교회는 이 7성사가 그리스도에 의해 제정되었다고 고백합니다. 이 말은 그리스도께서 7성사를 손수 세우셨다는 것을 뜻하지 않습니다. 사실 성서에서 확실하게 드러나는 것은 견진과 세례와 성체(성찬례)뿐입니다. 하지만 교회는 그리스도의 지체이며 그리스도께서 성령을 통하여 활동하시기 때문에, 교회가 성서를 해석·이해하고 자기 시대에 맞게 적응시키는 것은 그 자체가 곧 그리스도의 활동이라고 할 수 있습니다.
 성사는 그 자체로 유효한 하느님의 은총을 전달해 주는 도구입니다. 성사가 합당하게 베풀어지면, 성사는 그 자체로 유효한 것입니다. 그것은 하느님께서 성사를 통해 은총을 우리에게 베푸시기 때문입니다. 하지만 우리가 마음의 문을 닫으면 성사의 효과가 우리에게 미칠 수 없습니다. 예수님 곁에 있던 많은 유대인들이 예수님을 거부한 것처럼, 우리 또한 마음의 준비를 갖추지 않으면 하느님의 은총을 잃을 것입니다.

성사는 마술인가?

개신교 형제들과 이야기하다 보면 가톨릭을 비방하는 단골 메뉴 가운데 하나가 성사(聖事)에 관한 것입니다. 가톨릭 신자들은 성사라는 마술을 통해서 구원을 얻는다고 주장하는데, 이는 전적으로 신앙에 의한 구원을 가르치는 성서 말씀과 반대되는 것이라고 말합니다. 과연 성사는 무엇을 뜻하는 것인지요?

성사는 어려운 것?

가톨릭 신자를 비롯한 대부분의 사람들이 성사란 우리가 알아듣기 힘든 것 또는 신비스러운 것이라고 생각하는 듯합니다. "성사가 무엇입니까?" 하고 물어보면 꽤 오래 신자 생활을 한 사람들까지 잘 대답하지 못하는 것을 보아서도, 성사 중심으로 살고 있으면서도 정작 성사가 무엇인지는 잘 모르고 있음을 알 수 있습니다. 아마도 성사가 너무 심오한 교리라고 생각하고는 가르치는 사람이나 배우는 사람이나 "성사란 따져서는 알지 못하고 그저 믿어야 할 것"이라고 제쳐둔 데 그 원인이 있지 않나 생각합니다.

하느님을 보여주는 표지로써의 성사

그리스도교 본래의 성사는 그렇게 구름잡는 이야기가 아니라 우리 생활과 아주 가까이 연결되어 있습니다. 성사에 대한 정의를 쉬운 말로 내리자면, "눈에 보이지 않는 하느님의 은총을 우리에게 전해 주는, 눈으로 볼 수 있고 만져 볼 수 있는 표지 또는 상징"이라고 할 수 있겠습니다. 아름다운 산을 보고 우리는 가끔, "아, 참 아름다운 산이로구나. 하느님의 솜씨는 참으로 놀랍단 말이야!" 하고 감탄할 때가 있습니다. 이때 산은 분명 하느님 자신은 아니지만,

이 산이 우리에게 하느님의 존재를 생각하게 만든다면, 이 산은 하느님을 보여주는 표지 역할을 하게 됩니다. 밤하늘에 빛나는 별들, 갖가지 색깔의 꽃들도 우리에게 하느님의 아름다움을 상상하게 만들어 주는 도구, 표지가 될 수 있습니다.

모든 것들이 하느님의 성사가 될 수 있습니다. 이뿐만 아니라 버림받은 사람들을 위해 헌신적으로 일하는 마더 데레사 수녀나 남 대신 죽어간 막시밀리아노 꼴베 신부처럼 자신의 삶을 통해 하느님의 모습을 증거하는 사람들 역시 하느님을 우리에게 보여주는 성사라 할 수 있습니다.

전례 안에서의 성사: 칠성사와 준성사의 제정

눈에 보이지 않는 하느님의 모습 또는 그분의 은총을 우리에게 전해 주는 표지, 상징 모두가 성사라 할 때, 어떤 것은 성사이고 어떤 것은 성사가 아니다 하는 식으로 말할 수는 없을 것입니다. 시대, 장소에 따라 하느님의 모습을 전해 주는 표지들은 다를 수 있기 때문입니다.

하지만 12세기에 들어와 일부 학자들이 큰 성사와 작은 성사를 구분하기 시작하면서, 점차 하느님의 구원 사업과 그에 따른 은총을 우리에게 전해 주는 뛰어난 표지 일곱을 확정하기 시작하였으며, 이러한 사상은 16세기 트렌트 공의회에 의해 칠성사에 관한 교의로 발전되었습니다. 이와 더불어 칠성사에 끼지는 못하였지만 나름대로 하느님의 은총을 전달해 주는 작은 표지들은 준성사로 불리게 되었습니다.

성사가 우리에게 전해 주는 것은 무엇인가?

흔히들 성사란 눈에 보이지 않는 은총을 우리에게 전해 주는 눈에 보이는 표지라고 말들 합니다. 이 말 자체가 틀린 것은 아니지만, 자칫 성사의 본 목적을 오해하게 만들 가능성이 있습니다. 정확하게 말하자면 성사는, 파스카 신비(주님의 수난과 죽음, 부활 신비)를 우리에게 전해 줌으로써 우리가 파스카 신비를 살 수 있도록 도움을 주는 외적 표지 또는 예식입니다. 은총은 우리가 주님의 제자답게 파스카 신비를 우리 삶 안에서 구현할 때 그 결과로서 우리에게 주어지는 것입니다. 따라서 은총의 전달이 성사의 목적 자체가 아니며, 이 점을 명심할 때 우리는 개신교 형제들의 쓸데없는 오해를 피할 수 있을 것입니다.

칠성사: 파스카 신비의 큰 표지

하느님을 우리에게 보여주는 표지들은 그 수를 헤아릴 수 없을 정도이고, 또 시대와 장소에 따라 다를 수 있습니다. 하지만 교회는, 수많은 표지들 가운데 성서와 교회의 전통에 근거하여 주님의 파스카 신비를 뚜렷이 드러내 주는 것들을 선택·보존하여 교회의 전례로 삼았습니다. 성찬례(성체성사), 세례, 견진, 혼인, 병자의 도유(병자성사), 서품, 고해와 같은 행위 또는 예식은 하느님의 구원 신비와 그분의 뜻을 우리에게 더 직접적으로 전달해 주는 까닭에 이 일곱 표지를 교회는 칠성사라 하여 큰 가치를 부여하였던 것입니다.

신앙의 표지로써의 성사

성사가 목적하는 바는 우리가 주님의 파스카 신비를 우리 생활 안에서 실천하는 것입니다. 그럼에도 우리는 가끔 성사 생활의 결과로서 따라오는 은총을 받기에만 급급하는 경우가 있는데, 이것이야말로 제사에는 관심없고 젯밥에만 눈독들이는 태도라 할 것이며, 이러한 신앙 태도가 바로 개신교 형제들의 오해를 불러일으킨다 하겠습니다. 행여 우리는 성사 생활을 습관적·미신적으로 하고 있지는 않습니까?

마술과 전례

일부 그리스도인들이 말하는 것을 들어보면, 세례만 받으면 구원을 얻고, 견진성사를 받으면 성령의 은총을 받아 신앙이 굳세어져서 그리스도의 군사가 된다고 합니다. 그런데 실제로 성사를 받고 난 다음에 사람이 변하는가 하면 그렇지는 않은 것 같습니다. 세례받기 전이나 후나 여전히 약점 많은 인간으로 남아 있고, 견진을 받아도 받기 전과 다를 바 없는 믿음 약한 인간으로 남아 있기가 일쑤임을 경험으로 알 수 있으니까요. 성사들을 받고 나서도 변하지 않는 까닭은 무엇입니까? 성사로 인해 얻어지는 은총은 없는 겁니까?

마술 반지

사람들은 자기가 가지고 있지 않은 힘을 어떤 특수한 대상이나 물건을 통하여 얻고자 시도해 왔습니다. 특히 마술로써 그러한 힘을 얻을 수 있다고 생각하였고, 어떤 물건이나 주문 또는 예식이 그러한 마술적 힘을 지니고 있다고 보았습니다. 여기서 말하는 마술이란, 남의 눈을 교묘하게 속이는 행위가 아니라 자신의 노력이나 의지와는 상관없이 저절로 원하는 행위가 이루어지는 것을 뜻합니다.

동화를 읽다 보면 흔히 나오는 것이 마술 반지입니다. 무슨 소원이든 들어주는 반지, 사랑에 빠지게 만드는 반지, 자기 몸이 보이지 않게 만들어 주는 반지, 영원한 생명을 주는 반지, 다른 세계로 데려다 주는 반지, 요정을 불러오는 반지, 적을 물리칠 수 있는 힘을 주는 반지 등등.

결혼 반지

혼인 때 신랑 신부는 서로의 손가락에 반지를 끼워 줍니다. 이 반지는 서로에 대한 믿음과 애정을 상징합니다. 자기 손가락에 끼고 있는 반지를 보면서 부부 각자는 자신과 함께 일생을 같이하는 사람을 생각하고 그와 맺은 사랑의 계약을 기억합니다. 그런데 이 반지가 이들의 사랑과 서로에 대한 믿음을 저절로 가져다주지는 않습니다. 부부 싸움을 하고 나서 반지를 주머니에 넣어 버릴 수도 있으며, 부부간의 애정에 문제가 있을 때는 아예 반지를 끼지 않거나 아니면 함부로 다룰 수도 있습니다. 결혼 반지 자체는 그 어떤 힘도 없고, 때에 따라서는 사람의 감정에 따라 천대받을 수도 있는 것입니다.

이러한 결혼 반지는 위에 말한 마술 반지와는 달리 아무런 마술적 힘을 가지고 있지는 않지만, 부부의 애정과 믿음을 증거해 주고 드러내주는 상징적 역할을 수행합니다. 참으로 자기 부인을 사랑하는 사람이라면 멀리 출장을 가 있을 때에도 반지를 보며 자기 반려자를 생각할 것입니다. 마음 깊이 자기 남편을 믿고 사랑하는 여자라면, 반지를 소중히 간직하면서 그것을 잃지 않도록 힘쓸 것입니다.

전례는 마술 반지가 아니다

입시철이 되면 개신교 교회나 절뿐만 아니라 성당도 입시를 준비하는 자녀를 둔 어머니들로 붐비게 됩니다. 자기 자녀가 합격할 수 있도록 기도해 달라는 간절한 소망과 함께 미사예물을 바치는 어머니들의 모습…. 정성을 다해 기도와 미사를 바쳤건만 입시에 실패할 경우 사람들은 분노를 느낍니다. 왜 내 기도는 들어주지 않는가, 많은 돈을 들여 미사예물도 바쳤고 미사에도 열심히 참여했는데 어찌하여 하느님은 나의 간청을 거절하시는가. 이러한 실망 끝에 신앙 생활에 대한 회의까지 느끼는 사람들도 있음을 우리는 주위에서 보게 됩니다.

전례 생활, 특히 성사에 대한 오해 가운데 하나가 성사를 하나의 마술로 여기는 것이라 하겠습니다. 성사만 받으면, 미사예물만 바치면, 기도를 열심히 하면 자기가 바라던 어떤 힘(은총)을 저절로 얻게 되리라는 기대를 하는 사람들이 많이 있습니다. 이런 사람들 가운데 일부는, 성사를 받고 나서도 정작 아무런 은총을 받지 못했다고 느낄 때 힘들어하기도 합니다. 이런 분들은 자신도 모르는 사이에 전례를 일종의 마술 반지로 여기고 있는 것 같습니다.

전례는 결혼 반지이다

전례는 어떤 신통력을 부리는 마술 반지가 아닙니다. 전례는 우리가 아무런 노력을 하지 않았음에도 불구하고 우리가 바라던 어떤 것을 거저 주는 신통력을 가지고 있지는 않기 때문입니다. 그 반면 전례는 결혼 반지와 같습니다. 결혼 반지는 그 자체로는 아무런 힘도 가지고 있지 않지만 서로 사랑하고 서로를 믿는 부부에게 있어 둘의 사랑을 확인시켜 주고 느끼게 해주는 힘을 지니는 하나의 표징이 됩니다. 이와 마찬가지로 전례는 하느님과 나와의 관계가 제대로 정립될 때 힘을 드러냅니다. 내가 얼마큼 하느님께 성실하였는가, 얼마나 진지하게 하느님의 뜻을 헤아렸는가에 따라 전례는 하느님의 은총을 전달하는 수단이 됩니다. 아내에게 성실한 사람에게만 결혼 반지가 의미가 있듯, 하느님께 충실한 이에게만 전례는 하느님의 사랑을 느끼게 해주는 상징이 되는 것입니다.

성사를 받는다는 것은, 성사가 의미하는 바를 생활 안에 실천할 때 그에 필요한 은총을 하느님께서 주신다는 것을 드러내는, 하느님과 인간 사이에 계약을 맺음을 뜻합니다. 따라서 세례를 받는다고 해서 저절로 완전한 인간이 되는 것이 아닙니다. 내가 하느님의 자녀로서 아버지의 뜻을 따라 살려고 노력하겠다는 것을 드러내고, 이에 필요한 은총을 하느님께서 주시기를 기대하는 것이 세례성사입니다.

이런 점에서 볼 때 성사를 위시한 전례는 남녀가 맺는 혼인 계약과 같은 것이지 결코 어떤 특정한 힘을 얻게 해주는 마술이 아닌 것입니다.

결혼 반지를 보면서 배우자에 대해 맹세한 바를 상기하고 그에 대한 사랑을 꾸준히 실천할 것을 생각하듯, 내가 참여하고 있는 전례의 뜻을 되새기며 하느님께 약속한 바를 상기하고 그에 걸맞게 살 것을 다짐하는 것, 이것이 바로 올바른 전례 생활이 아니겠습니까?

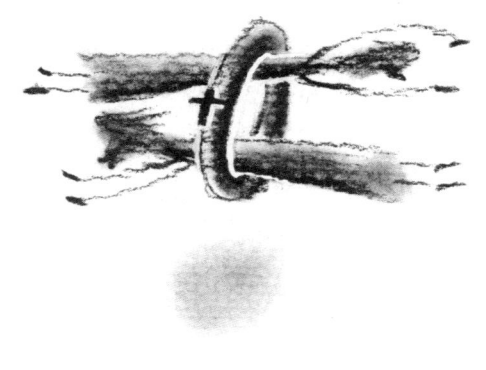

예수께서 성사를 직접 제정하셨나요?

우리 가톨릭에서는 미사를 비롯한 성사 생활을 대단히 중요시하며, 이 성사들은 모두 예수 그리스도께서 직접 제정하신 것이라고 가르치는 것으로 알고 있습니다. 그런데 개신교에 다니는 친구 한 명이 예수님이 성사들을 제정한 근거를 성서 어디에서 찾을 수 있느냐고 말하면서 가톨릭의 그러한 주장은 후대에 와서 교회가 임의로 만든 허구에 불과하므로 믿을 필요가 없다고 주장하는 것을 들었습니다. 사실 예수께서 칠성사를 세우셨다는 근거를 성서에서 찾기는 어려운 것 같습니다. 그렇다면 예수께서 성사를 제정하셨다는 가르침을 어떻게 이해해야 할까요?

성사들을 제정하신 예수님의 말씀을 성서에서 찾아보라는 개신교 형제들의 반박에 우리 신자들이 어려움을 겪는 것은 아주 당연한 일이라고 봅니다. 성서를 아무리 뒤져보아야 "내가 견진성사를 세우노라" 하는 식의 말씀은 찾아볼 수 없기 때문입니다. 단지 성체성사와 세례성사에 관한 말씀이 어느 정도 뚜렷이 드러나고 있을 뿐, 다른 성사들에 관해서는 분명한 말씀이 없습니다. 따라서 무엇보다도 "예수께서 성사를 제정하셨다"는 교회의 가르침이 무엇을 뜻하는지 살펴보아야 할 것입니다.

떨어진 두 곳을 연결시켜 주는 "다리"

우리나라에는 산도 많고 강도 많아서 교통이 불편한 곳이 참 많습니다. 어떤 곳은 산과 강에 둘러싸여 바깥 세상과 격리되어 있기도 합니다. 하늘을 나는 새라면야 강과 산과

골짜기를 날아 넘겠지만, 사람은 이러한 장애물을 만나면 다른 곳으로 돌아가든가 아니면 그 장애물을 넘을 수 있는 방법을 고안해 냅니다. 그리하여 강에는 다리를 놓고 바다에는 배를 띄웠으며 드디어 비행기를 발명하여 도저히 갈 수 없는 곳으로 여겨지던 곳까지 자유로이 갈 수 있게 되었습니다.

여기서 배나 비행기 그리고 다리는 근본적으로 똑같은 기능을 가지고 있습니다. 오가는 데 불편을 주는 장애물을 넘어 자유로이 양쪽을 다닐 수 있게 해주는 것이 바로 그 기능입니다. 그런 점에서 배나 비행기도 일종의 다리와 같다고 할 수 있을 것입니다.

가까이 갈 수 없는 두 지점: 하느님과 사람

사람은 영혼을 갖고 있는 영적 존재이기도 하지만 다른 한편으로는 육체를 지닌 까닭에 우리 눈으로 보고 손으로 만져 보고 코로 냄새 맡고 귀로 듣고 혀로 맛을 보는 그러한 기능을 사용하지 않으면 다른 사람이나 사물과 대화를 나눌 수 없습니다. 이에 반해 하느님은 순수 영적 존재이십니다. 따라서 하느님과 우리 사이에는 어쩔 수 없는 공간이 생기며, 하느님의 특별한 은총이 없는 한 우리 인간은 하느님과 접할 수 없습니다. 하느님과 함께 있을 수 없다는 것은 곧 우리 인간이 영원한 행복을 얻을 수 없다는 것을 뜻합니다.

다리가 되신 예수님

성서에 의하면 하느님은 인간을 구하시고자 당신 아드님을 세상에 보내셨다고 합니다. 이분이 바로 그리스도로서, 그는 하느님과 떨어져 사는 인간들을 다시 하느님께 데려가기 위하여 일하셨습니다. 결국은 당신 자신을 십자가 위에서 하느님께 바치시면서까지 인간이 하느님과 화해하고 하느님의 은총이 인간에게 미칠 수 있도록 하였습니다.

이렇게 예수님은 죄로 인하여, 인간의 한계로 말미암아 벌어진 하느님과 인간 사이를 이어주는 "다리"가 되신 것입니다.

성사의 원천이신 그리스도

성사란 눈에 보이지 않는 하느님을 인간에게 전달하는 표지 또는 예식을 말합니다. 세상에는 이러한 기능을 발휘하는 표지들이 많이 있습니다. 그중에서 가장 크고 위대한 표지는 바로 예수 그리스도이십니다. 예수님이야말로 눈에 보이는 하느님이시기 때문입니다. 이때문에 예수님은 모든 표지의 원형이자 그 기원이 되며, 모든 성사가 흘러나오는 "원성사"(原聖事)가 되는 것입니다.

교회가 인간 삶의 중요한 순간에 걸맞은 표지들을 뽑아 칠성사를 세웠으나, 그렇다고 해서 이 칠성사를 교회가 만든 창작품이라고 할 수 없습니다. 그 까닭은 원성사이신 그리스도로 말미암아 이 표지들이 하느님을 우리에게 전달하는 거룩한 표지가 되기 때문입니다.

사실 그리스도와 관계없는 성사란 있을 수 없으며, 이 세상의 표지들이 하느님과 인간을 이어주는 거룩한 도구들이 될 수 있는 것은 바로 예수 그리스도로 말미암아 그렇게 되는 것입니다. 이러한 까닭에 우리는 예수님이 모든 성사의 제정자라고 말할 수 있는 것입니다.

고해성사

 가톨릭 교회에 발을 들여놓은 지 얼마 안되는 예비자입니다. 다른 종교나 개신교에서 볼 수 없는 가톨릭 교회의 특이한 제도 가운데 하나가 고해성사인 것 같습니다. 개신교에서는 사람이 죄를 지으면 그 죄를 용서할 수 있는 분은 하느님뿐이며, 따라서 믿음을 가지고 하느님께 직접 죄의 용서를 청하면 모든 죄가 용서된다고 말하는 것을 들었는데, 왜 가톨릭에서는 사제에게 죄를 고해야 하는지 궁금합니다. 또 일부에서는 고해성사라 말하고 어떤 이는 고백성사라 말하는데 어느 말이 옳은지도 알고 싶습니다.

 타종교 사람들이나 개신교 형제들의 눈에 가장 가톨릭적인 특성으로 보이는 것 가운데 하나가 바로 고해성사라 할 것입니다. 자신이 지은 죄를 남에게 이야기한다는 것이 사람들에게는 보통 어려운 일이 아니기 때문입니다. 이 고해성사가 우리 가톨릭 신자들에게도 부담으로 느껴지는 것 또한 사실입니다. 아무리 사제를 통해 하느님께 고하는 것이라 하더라도, 사제 역시 사람인데 그에게 자신의 은밀한 죄를 고하는 것이 부끄럽게 느껴지는 것은 당연한 일이라 하겠습니다.

"우리"를 파괴시키는 죄

 우리는 친한 친구와 함께 있을 때 자연스럽게 "우리"라는 말을 쓰게 됩니다. 이 말로써 서로의 마음이 서로에게 열려 있고, 서로를 믿는 그러한 사이임을 드러냅니다. 그런데 그 친구가 나에게 잘못을 저질러 놓고도 용서를 청하지 않을 때 나는 갑자기 그 친구가 멀리 있는 사람으로 느끼게 됩니다. 이때 그 친구에 대해 말할 때 "우리"라는 말을 더 이상 사용하지 않게 됩니다. 그 친구가 나에게 잘못을 저지르고도 사과하지 않은 것이 "우리" 관계를 "나와 그 사람" 관계로 만든 것입니다.

하느님과 나를 갈라놓는 죄

하느님은 우리가 당신 뜻에 맞갖은 생활을 할 때 당신이 우리 아버지가 되실 것임을 약속하셨습니다. 하느님 뜻에 맞갖은 생활이란 당신 계명에 따라 사는 것으로서, 그 주요 골자는 하느님을 사랑하고 네 이웃을 네 몸같이 사랑하라는 것입니다. 죄는 바로 이러한 계명에 어긋나는 것으로서, 죄로 인하여 사람 사이만이 갈라지는 것이 아니라 하느님과 나의 관계 역시 부수어집니다.

화해를 제안하시는 하느님

한번 갈라진 관계는 저절로 복구되지 않습니다. 내게 잘못을 저지른 친구가 나에게 사과하고 화해를 청하기 전에 내가 먼저 그를 온전히 용서하기란 쉽지 않은 일입니다. 설사 그 친구가 내게 사과한다 하더라도 내게 그를 용서하고자 하는 마음이 있어야만 화해가 성립되고 "우리" 관계가 회복됩니다.

하느님과의 관계 역시 마찬가지라 하겠습니다. 다행히 하느님은 우리를 무한히 사랑하시고 우리 인간의 약점을 잘 아시는 "자비로우신 아버지"이십니다.

그분은 우리에게 당신께 돌아오라고 끊임없이 호소하십니다. 우리가 돌아오기만 하면 언제든지 당신 집에 받아 주시겠다는 것이 그분의 뜻임을 예수님은 "잃었던 아들을 되찾고 기뻐하는 아버지의 비유"(루가 15,11-32)에서 밝혀 주고 계십니다.

화해의 직무를 맡은 교회

예수님은 죄로 인해서 생긴 하느님과 인간, 인간과 인간 사이의 분열을 치유하러 이 세상에 오셨고, 당신의 십자가 제사로 이러한 당신 사명을 완수하셨습니다. 그러나 당신의 사명이 이 세상에서 계속되도록 하기 위하여 제자들을 뽑으시고 그들에게 이러한 당신의 "화해의 직무"를 맡기셨습니다.

따라서 교회는 자신의 사명을 수행할 사제들을 뽑아 그들이 예수님의 "화해의 사제직"을 이어가도록 한 것입니다.

그러므로 우리가 사제에게 죄를 고하는 것은 한 인간에게 죄를 고하는 것이 아니라 사제를 통해 현존하시는 하느님께 죄를 고하는 것입니다.

화해의 성사인 고해성사

우리가 죄를 고백하는 것은 자신의 죄로 인해 깨어진 하느님과 이웃과의 관계를 회복하고 싶다는 마음을 드러내는 표시입니다. 다시 말해 죄 고백의 궁극적 목적은 바로 하느님과 이웃(교회)과의 화해인 것입니다. 이런 점에서 죄의 고백만을 강조하는 고백성사라는 말 대신 죄의 고백과 화해를 동시에 드러내는 고해성사(告解聖事)라는 말로 바꾸어 사용하게 된 것입니다. 다른 한편 고해성사의 본뜻이 화해에 있는만큼 교회는 "화해성사"라는 말도 사용하고 있습니다.

찬미의 성사인 고해성사

내가 사제 앞에 죄를 고한다는 것은 나를 낮추는 겸손의 표시이기도 하지만, 다른 면에서 보면 하느님의 권능을 인정하고 그분의 자비에 나를 맡긴다는 또 다른 표현이기도 합니다.

내가 하느님을 인정하지 않을 때, 하느님이야말로 바로 나를 구원하시는 분임을 인정하지 않을 때, 자신의 죄를 고백한다는 것은 있을 수 없는 일이기 때문입니다. 이런 점에서 죄를 고백함은 하느님의 위대하심과 자비를 칭송하는 기회가 되는 것이며, 바로 이때문에 고해성사를 찬미의 성사라고 말할 수 있는 것입니다.

사제 앞에서의 고해성사

 죄를 지을 때 하느님과 이웃 모두와의 관계가 파괴됩니다. 이런 점에서 나는 하느님과 이웃 모두와 화해를 해야 합니다. 사제는 그리스도의 사제직을 수행할 뿐만 아니라 교회를 대표하기도 합니다. 따라서 내가 죄를 사제 앞에 고하고 화해를 이룰 때 하느님뿐만 아니라 내 이웃인 교회와의 화해도 성립되는 것입니다. 하느님께 직접 죄를 고한다는 명목으로 성사를 부인한다면, 자칫 하느님의 이름을 빌려 자신의 죄를 심리적으로 정당화하는 데 그칠 수도 있음은 잘 알려진 사실입니다.

고해성사는 얼마나 자주 보아야 하는가?

나이 들어 신자가 된 분이 있었습니다. "괜히 일찍(?) 신자가 된 것 같습니다. 사람이 살다 보면 노상 죄를 짓게 마련인데, 천주교에는 고해성사라는 제도가 있어서 죄를 고하라 하니, 이것 참 부담스럽습니다. 이럴 줄 알았다면 차라리 죽기 전에 신자가 될 걸 그랬어요." 하시는 그분의 말씀, 아마 이 글을 읽으시는 분은 대부분 그분의 말씀에 공감하실 것입니다.

고해성사의 대상이 되는 죄

이미 말씀드린 대로 죄란 우리 인간과 하느님 사이의 사랑의 관계를 파괴시킵니다. 사랑의 관계를 파괴시키는 효과를 가진다는 점에서는 큰 죄와 작은 죄가 다를 바 없습니다. 하지만 죄의 결과가 항상 같지는 않으니, 아무래도 하느님의 마음을 크게 상하게 하는 죄가 있고 다른 한편으로는 하느님의 가벼운 꾸지람을 들을 정도의 죄도 있을 것입니다.

이때문에 사람들은 하느님과의 관계를 완전히 파괴시키는 죄를 대죄(大罪)라 하고, 이밖에 일상적으로 짓는 사소한 죄를 소죄(小罪)라 하여 이 둘을 구분하기도 하였습니다. 이처럼 소죄와 대죄를 구별하면서 고해성사의 대상이 되는 죄, 즉 고해성사를 통해서만 용서될 수 있는 죄는 대죄라는 것이 가톨릭 교회의 입장입니다.

소죄와 대죄?

이렇게 죄를 소죄와 대죄로 구분하는 것까지는 좋은데, 무엇이 소죄이며 대죄인지 구체적으로 정하기란 사실상 어려울 때가 많습니다. "나는 하느님을 믿지 않아"라는 말을 이성을 갖춘 어른이 하는 경우와 아직 지적 발달이 충분히 되지 않은 어린이가 하는 경우, 그 죄의 무겁고 가벼움이 결코 같지 않으리라는 것은 쉽게 짐작되는 바입니다. 그러므로 무엇이 소죄이며 무엇이 대죄이다라는 식으로 확정지어 생각하는 것은 무리가 따른다 하겠습니다. 때문에 현대의 많은 윤리신학자들은 이러한 이분법을 사용하는 대신 각 개인의 양심의 빛에 따른 판단을 중요시하는 경향을 보여줍니다.

양심성찰: 고해성사의 준비운동

고해성사는 우리에게 죄를 캐묻기 위해 있는 것이 아닙니다. 오히려 죄의 짐을 덜어 주어 우리가 마음의 거리낌 없이 자유롭게 살 수 있도록 하느님이 베푸시는 은총의 순간입니다. 그렇다면 고해성사 때 무슨 죄를 고할까 고민하기보다는 내가 하느님의 마음을 아프게 한 적은 없는가 하고 자신의 삶을 되돌아보는 것이 당연할 것입니다.

자신의 삶을 반성하는 데 있어 기준이 되는 것은 무엇보다도 십계명입니다. 십계명의 조목 하나하나를 묵상하면서, 이에 빗대어 자신의 생활은 어떠했는가를 반성해 나간다면, 일단 고해성사 준비는 잘한 셈이라 하겠습니다. 이러한 과정을 거친 다음, 십계명에 직접 저촉되지는 않는다 하더라도 자신의 양심에 크게 걸리는 것을 살펴본다면, 하느님과 화해하기 전의 준비운동은 충분하다고 하겠습니다.

소심할 필요는 없다

하느님은 우리의 죄를 캐물으시는 수사관이 아닙니다. 따라서 우리가 일상적으로 짓는 가벼운 죄에 대해 그렇게 양심의 가책을 크게 느낄 필요는 없습니다. 물론 바늘도둑이 소도둑이 된다는 속담처럼 아무리 가벼운 죄라도 그냥 넘어가면 양심이 무디어질 수도 있습니다. 때문에 우리는 아무리 가벼운 습관적인 죄라 할지라도 진지하게 반성하는 자세가 필요합니다. 그렇다고 해서 이런 소소한 죄까지 일일이 고해성사를 통해 용서받을 필요는 없고, 미사 시작 때 이루어지는 참회식("천주여, 나는 많은 죄를 지었나이다…")이나 양심성찰과 통회를 통해서 하느님과 화해할 수 있기 때문입니다. 지나치게 소심한 것은 하느님을 아버지로 알기보다는 심판관으로 생각하고 두려워하기 때문일 것입니다. 성서에서 예수님이 하느님을 인자하신 아버지로 드러내고 있다는 점을 잊지 맙시다.

주기적인 양심성찰

교회법에서는 성년에 이른 가톨릭 신자는 누구나 일 년에 한 번은 성사를 보아야 한다고 되어 있습니다(교회법 989조). 이 규정은 가톨릭 신자로서의 최소한의 의무를 말한 것이지, 이로써 우리의 영적 의무가 다 채워지는 것은 아닙니다. 사실 일 년에 한 번 자신의 양심을 살피고 죄를 고하는 것으로써 성숙한 신앙인의 자세를 유지할 수 있다고는 생각하기 힘들 것입니다. 십계명과 자신의 양심에 크게 어긋나는 죄가 있다면 당연히 그때마다 고해성사를 보아야 합니다. 하지만 그러한 큰 죄가 없다 하더라도 일 년에 네 번 정도 성사를 보는 것이 바람직하지 않을까 하는 것이 제 개인 의견입니다. 주기적으로 자신의 양심을 돌아봄으로써, 자칫 무디어질 수도 있는 양심의 소리를 잃어버릴 위험을 최소화하기 때문입니다.

병자성사는 죽음의 성사?

제가 아는 가톨릭 신자 한 분이 중병으로 병원에 입원하게 되어 방문한 적이 있었습니다. 병석에 누워 있는 그분 곁에는 같은 본당의 신자들이 함께 기도하고 있었는데, 그 자리에 있던 한 신자분이 그 환자에게 신부님께 병자성사를 청하면 어떻겠냐고 물었더니 "나는 싫어요. 아직 죽을 때가 되지 않았어요" 하는 것이었습니다. 정작 임종이 얼마 남지 않은 상태에서야 그는 병자성사를 청하였지만, 이러한 모습을 지켜보는 가운데 과연 병자성사가 무엇이며, 그 효과는 무엇인가 하는 생각이 들었습니다. 또 신자들이 병자성사를 종부성사라고 부르는데, 종부성사라는 말은 죽음을 눈앞에 둔 이가 마지막으로 받는 성사라는 느낌을 주어서 환자에게 섬뜩한 느낌을 주리라고 생각되는데, 과연 종부성사와 병자성사 중 어느 말이 옳은지요.

제가 필리핀에서 선교사로 얼마 동안 일하던 때였습니다. 제가 살던 수도원에는 신부가 여러 명 있었지만 저를 제외하고는 다 외출하고 없던 어느 날, 필리핀 사람 한 명이 신부를 찾는 것이었습니다. 간암에 걸려 사경을 헤매는 사람이 있는데, 그가 신부를 찾고 있다는 것이었습니다. 하여 제가 병자성사를 위한 도구를 준비하여 그를 쫓아갔는데, 그가 저를 안내한 곳은 수도원에서 그리 멀지 않은 야자나무 숲속인데, 이곳 저곳에 초라한 집들이 널려 있었습니다. 제가 환자의 집 안으로 들어가자 그곳 마을 사람들이 하나 둘 모여들었는데, 그들의 눈초리가 약간 이상하였습니다. 이들은 저를 죽음을 선포하러 온 하나의 저승사자처럼 보는 것임이 분명했습니다. 이제 환자가 죽을 때가 다 되어 신부를 불렀구나, 아이구, 불쌍해라. 이러한 마음을 그들

눈에서 어렵지 않게 읽을 수 있었던 저는, 우리 신자들이 뼛속 깊이 가지고 있는 병자성사에 대한 편견을 다시 한번 확인할 수 있었습니다.

병자성사에 대한 편견

지금도 대부분의 신자들은 병자성사를 종부성사(終傅聖事)라 부릅니다. 종부성사라는 말은 라틴어로 Extrema unctio라고 하는데, 이 말은 마지막으로 받는 도유(기름바르는 예식)라는 뜻입니다. 기름바르는 예식은 이 예식을 받는 당사자에게 필요한 은총을 성령께서 내려 주시기를 청하는 것입니다. 그런데 신자 생활을 하다 보면 우리는 여러 번 도유를 받게 되는데, 예를 들어 세례 때, 견진 때, 서품 때, 병자성사 때입니다. 종부성사란 이러한 의미의 도유를 마지막으로 받는다는 것이니, 그것은 곧 이 성사를 받으면 다시는 살아날 가망이 없음을 뜻합니다. 그래서 병자성사를 받으면 불치병을 선고받은 것처럼, 이제 당신은 곧 죽습니다라는 선고를 받은 것처럼 여기게 된 것입니다. 이로 인해 병자성사를 주러 온 신부는 저승사자로 비유되고, 환자와 그 가족들은 신부가 환자를 방문하는 것을 꺼려하는 경향을 띠었으며, 신부가 오게 되면 이제 환자는 가망이 없구나 싶어 통곡을 하는 경우도 많았던 것입니다.

병자성사에서 종부성사로

8세기까지 병자성사는 병자를 위한 교회의 관심과 하느님의 은총을 드러내는 성사로 나타났으며, 그 효과는 몸과 마음과 영혼 모두의 건강에 있는 것으로 보았습니다. 이 성사는 그리스도께서 병자들에게 보여주신 관심과 그 치유 행위를 교회가 계속 이어감을 보여줍니다. 이때 사용되는 기름은 지중해 지방에서 치료제로 쓰였던 올리브 기름이었습니다. 이 성사의 효과가 우리 인간 전체의 건강에 있는 것으로 보았지만, 그중에서도 특히 육체의 건강에 그 효과가 있는 것으로 보았고, 따라서 신자들은 아플 때마다 주교가 축성한 기름을 자신의 몸에 발라 사용하기도 하였습니다.

9세기 이후 이 성사의 효과를 영혼의 치유, 즉 죄의 용서에 있는 것으로 보는 경향이 강해졌고, 이에 병자성사가 고해성사와 연결되면서 점차 임종 때에 마지막으로 받는 성사로 변질되기 시작했습니다. 이때 병자성사란 죽기 전 마지막으로 하는 고해성사라는 의미를 가지게 되었습니다. 그리하여 병자성사의 대상은 일반 환자가 아니라 임종을 앞둔 환자로 인식되었으며, 이로써 병자성사를 종부성사라 부르게 된 것입니다. 중세의 일부 학자들은, 종부성사는 소죄를 지은 임종자가 받는 성사이며, 종부성사로써 소죄가 용서된다고 보았습니다. 그런데 인간은 살아가면서 죄를 짓지 않을 수 없으므로, 그가 성사를 받고 난 다음 다시 살아나면 안되므로, 종부성사는 이미 혼수상태에 빠진 사람, 즉 확실히 죽을 사람에게만 베풀어야 한다고 주장하기까지 하였습니다.

종부성사에서 병자성사로

1962년에 시작된 제2차 바티칸 공의회는 전례 개혁을 통해 이러한 잘못된 생각을 고치고자 하였습니다. 그리하여 임종자가 받는 성사라는 의미를 갖는 종부성사라는 말 대신 병자성사(정확하게는 병자도유성사이나, 한국 교회가 병자성사로 통일하였으므로 그대로 사용한다)라는 말을 사용하도록 하였고, 이 성사를 받는 사람도 임종자뿐만 아니라 "질병으로나 노환으로 인해서 위중하게 앓고 있는 신자들"(병자성사 예식서 8), "위험한 병 때문에 외과 수술을 받아야 하는 사람"(예식서 10), "비록 병이 위중하게 드러나지는 않는다 하더라도 노환으로 기력이 많이 쇠잔해진 노인들"(예식서 11)이 그 대상이라고 가르칩니다. 또 이 성사의 의미를 이해할 수 있는 경우엔 어린이에게도 베풀 수 있습니다(예식서 12). 병세가 호전되었다가 다시 위독해지거나 위험한 외과 수술을 받을 때마다 이 성사를 반복해서 받을 수 있습니다(예식서 9).

병자성사는 죽음의 성사가 아니다

예식서가 말하고 있는 병자성사의 대상을 살펴보면, 결코 죽음을 앞둔 사람, 더 이상 소생할 가능성이 없는 사람이 아니라, 중병을 앓고 있는 사람, 위험한 수술을 받을 사람으로서, 병자성사를 받고 나서 육체적으로도 회복될 가능성을 가지고 있는 사람입니다. 이런 점에서 병자성사받기를 두려워할 필요는 전혀 없다 하겠습니다. 또한 중세 때 잘못된 신학으로 인하여 나온 "죽음의 성사"라는 냄새를 풍기는 "종부성사"라는 말을 더 이상 사용하지 말아야 하겠습니다. 병자성사는 환자에게 힘을 주는 성사이지 죽음을 선포하는 성사가 결코 아니기 때문입니다.

병자성사를 받으면 병이 저절로 나을까요?

병원에서 일하는 간호사로서 가톨릭 신자입니다. 가끔 중병 환자들 중 신자가 있으면 신부님을 모셔 와서 병자성사를 받게 합니다. 그런데 어떤 분은 병자성사만 받으면 병이 나을 것이라는 확신을 가지고 계신 것까지는 좋은데, 그게 도가 지나쳐 약도 먹지 않고 치료도 거부하는 경우가 가끔 있습니다. 또 어떤 분은 신자가 죽기 전에 병자성사를 한번 거쳐야 하는 과정인 양 여기면서 그 효과에 대해 대수롭지 않게 생각합니다. 병자성사를 받는 환자들이 중병을 앓고 있는 분들이라서 병자성사 후 대부분 죽음을 맞이하기 때문에, 어떤 이는 아예 병자성사가 아무런 효과도 주지 못하는 하나의 예식에 불과한 것이라 하여 거부하기까지 합니다. 병자성사의 참뜻과 그 효과는 무엇인지요.

주님께서는 당신의 자비로우신 사랑과 기름바르는 이 거룩한 예식으로 성신의 은총을 베푸시어 이 병자를 도와 주소서. 또한 이 병자를 죄에서 해방시키시고 구원해 주시며, 자비로이 그 병고도 가볍게 해 주소서.
(환자에게 성유를 바르며 하는 기도문)

병자성사는 병을 고쳐 주는 마술?
이미 밝힌 바 있지만, 성사는 마술이 아닙니다. 다시 말해서 성사를 받았다 해서 저절로 성사의 은총을 받는 것은 아닙니다. 병자성사의 경우도 마찬가지여서, 교회는 환자가 병자성사를 받으면 저절로 건강이 회복된다고 가르친 적이 없습니다.

역사를 살펴볼 때 또는 현재 우리 신자들의 성사에 대한 태도를 살펴볼 때, 병자성사가 신자들에게나 비신자들에게 많은 오해를 불러일으켜 왔던 것도 사실입니다. 아직도 많은 신자들이, 병자성사를 받는다는 것은 그가 이제 살아날 가망이 없다는 것으로 알아듣는 경우도 많고, 이때문에 마지막 성사라는 의미로 병자성사를 종부성사로 부르는 경우도 심심치 않게 찾아볼 수 있습니다. 다른 한편 성사만 받으면 무조건 육체적 병이 나을 것이라는 기대를 하고 있다가 정작 병이 낫지 않으면 하느님을 원망하거나 자신의 신앙을 의심하는 경우도 있습니다.

병자성사는 의학이 아니다

병자성사의 대상은 임종을 앞둔 사람만이 아니라 일반적으로 중병을 앓고 있는 사람임은 이미 밝혔습니다. 이 말은, 환자가 병자성사를 받음으로써 질병으로부터 쾌유될 수도 있음을 뜻하는 것입니다. 그렇다고 해서 병자성사가 의학적 치료를 대신한다는 것은 결코 아닙니다.

일부 개신교 기도원에서 현대 의학 대신 성령으로 난치병을 치료한다고 하다가 사람을 죽이거나 고질병으로 몰고가는 경우가 있어 물의를 일으키기도 하였는데, 우리 가톨릭 교회는 병자성사로써 육체적 질병을 무조건적으로 치료한다고는 주장하지 않습니다. 오히려 의학 역시 하느님의 선물이므로 의학의 고유 영역을 침범하지 않고 한 인간의 질병을 치료함에 있어 현대 의학과 협력합니다.

따라서 치료는 의술에 맡기되, 교회는 나름대로 환자의 건강 회복에 도움을 베풉니다.

병자성사의 효과는 영적인 것에만 있다?

어떤 이는 말하기를, 병자성사는 영적인 효과, 즉 소죄(小罪)의 용서와 모든 것을 하느님께 맡김으로써 오는 심리적 효과만을 가져올 뿐이며, 육체적 건강의 회복은 심리적 안정으로 인해서 가끔 올 수도 있다고 합니다.

이 말 자체가 틀린 것은 아닙니다. 하지만 사람이 영혼과 육신으로 되어 있고, 이 둘은 서로 떼려야 뗄 수 없는 관계를 가지고 있다는 사실을 안다면 병자성사의 효과를 영적인 것에만 두는 것은 무리가 따릅니다. 일반적으로 보아서도 정신력으로 육신의 병을 이겨낼 수도 있고, 몸이 아플 때 정신도 흐려지게 됨을 우리는 잘 알고 있습니다. 병자성사는 바로 이 영혼과 육신으로 되어 있는 인간 전체의 건강, 즉 육신의 건강과 죄로부터의 해방을 그 목표로 하고 있습니다. 병자성사로 영적인 힘을 얻은 환자가 의술의 도움으로 더 빨리 더 효과적으로 치유를 얻게 된다는 것은 당연한 일이라 하겠습니다.

병자성사로 파스카 신비에 참여함

하지만 병자성사의 효과가 이렇게 현세적인 것만은 아닙니다. 우리는 병자성사로써 그리스도의 파스카 신비(수난과 죽음과 부활)에 동참하며, 그리스도와 더불어 새로이 태어날 것이라는 희망을 갖게 됩니다. 따라서 질병으로 인한 고통은 더 이상 무의미한 고통이 아니라 우리를 그리스도의 수난에로 이끌고, 나아가서 하느님께 대한 최종 희망을 갖게 합니다.

종교 재단에서 운영하는 병원이 아닌데도 환자들을 돌볼 목적으로 일할 자원자들을 요청하는 경우를 가끔 보게 됩니다. 이는 환자들이 종교적 신념과 위로에 의해 삶에 대한 의욕을 가지게 될 때 질병의 치료도 훨씬 효과적으로 이루어짐을 인정하기 때문이라고 봅니다. 신앙에 의한 심리적 안정감이 이 정도의 효과를 준다면, 자신의 질병과 고통을 그리스도의 수난과 결부시켜 그것을 믿음 안에서 받아들이는 사람이라면 의학적 효과는 얼마나 크겠습니까? 또 우리의 선익을 위해 주시는 하느님의 은총은 얼마나 크겠습니까?

인간 자체에 영향을 미치는 병자성사

병이란 결국 우리로 하여금 인간답게 제대로 살 수 없게 만드는 것입니다. 질병이 우리 육신을 손상시켜서 인간다운 삶을 제약하는 것과 마찬가지로, 죄 또한 우리 인간을 하느님과 멀어지게 만들어 인간의 최종 목표인 하느님과의 일치를 무산시킵니다. 병자성사는 바로 이 두 가지 병을 치료하고자 하는 것이니, 환자에게 기름을 바르면서 외우는 기도문을 볼 때, 병자성사는 육신의 병뿐만 아니라 영혼의 병에도 그 효과를 미친다는 사실을 알 수 있습니다.

마술도 의학 자체도 아닌 병자성사, 우리 신자들로 하여금 그리스도의 파스카 신비에로 이끄는 병자성사, 하느님의 다정한 손길을 체험하는 공간인 이 병자성사를 우리는 얼마나 진지하게 받아들이고 있는지요.

여성은 사제가 될 수 없는가?

언젠가 교회 신문을 보니, 교황님께서 남성만이 사제가 될 수 있는 것은 하느님의 뜻이므로 여성은 사제직에 직접적으로 참여할 수 없다는 말씀을 하신 적이 있었습니다. 하지만 남성보다 여성 신자의 비율이 더 높은 우리 교회 현실로 보나 남녀평등을 부르짖는 사회 분위기를 보나 가톨릭 교회만이 남성 우월주의적 냄새를 풍기는 "남성만이 사제가 될 수 있다"는 원칙을 계속 지켜나가야 되는 건지요.

문제 제기

교회 역사, 특히 서방 교회의 역사를 살펴볼 때 여성이 사제직에 참여한 적이 한 번도 없다고 보는 것이 학자들의 일반적 견해입니다. 일부 학자는 부제직의 경우 여성이 참여한 적이 있었다고 주장하지만, 이러한 사실을 문헌을 통해 증명하지는 못했습니다. 한마디로 말해서 로마 가톨릭 교회는 남성만이 성직(부제, 사제, 주교)을 맡을 수 있다는 전통을 고수해 왔던 것입니다. 이러한 남성 중심의 사제직 전통을 옹호하는 학자들 가운데 일부는, 예수님이 사도들을 뽑으실 때 남성만을 고르셨다는 것을 근거로 하여, 남성 사제직은 하느님이 정하신 법이라는 논리를 펼치기도 합니다.

하지만 이는 역사·문화적 배경을 전혀 고려하지 않은 편협한 의견이라고 봅니다. 남성이 지배하는 사회, 여성은 아기를 낳아 종족을 보존하는 임무를 지닌, 남성의 부속물 정도로만 인식되던 사회, 여성의 인권이나 사회적 활동은 거의 생각조차 할 수 없었던 사회·문화적 배경을 고려할 때, 예수님께서 여성을 사도로 뽑는다는 것이 사실상 불가능했을 것입니다. 예수님에게 있어 가장 중요한 것은 당신 파스카의 신비(수난과 죽음, 부활)를 통해 기쁜 소식을 세상에 전하는 것이었습니다. 따라서 그분은 여성 해방이라는 주제에 매달려 당시 지배층과 논쟁을 벌이다 자칫 인류의 구원이라는 당신 본래의 임무를 소홀히할 수는 없었을 것입니다. 죄 외에는 우리 처지와 똑같으지신 그분께서 당시 사회에 바탕을 두고 하신 언행을 근거로 하여 여성은 사제직에 불림받지 않았다는 주장은 그다지 설득력을 지녔다고 할 수 없을 것입니다.

또 교회의 전통이란 이름으로 여성의 사제직을 금하고 있는 것 역시 오늘날 도전을 받고 있습니다. 만일 여성사제직이 하느님의 법에 의해 금지된 것이 아니라 인간의 전통에 의해 그렇게 된 것이라면 상황이 달라진 지금 낡은 법을 계속 고집할 수 없다고 주장하는 사람들이 많이 늘어나고 있습니다. 신학적으로도, 하느님은 남자와 여자를 평등하게 만들었기 때문에 그 둘 사이에 인격적 차별은 있어서 안된다는 것을 주장할 수밖에 없고 따라서 여성을 사제직에서 떼어놓는 것은 하느님의 뜻과도 어긋난다는 주장을 펴는 사람도 많습니다.

여성운동과 여성사제직

여성이 사제직에 참여할 수 없다는 교도권의 방침은 사실상 신학적 이유, 즉 하느님이 그렇게 명하셨다는 것에 기초를 두지 않고 여성이 한 번도 사제직에 참여한 적이 없다는 전통과 역사적 이유에 바탕을 두고 있습니다. 사정이 이러하므로 시대가 달라진 지금 여성사제직 문제는 긍정적으로 제기될 수 있다고 봅니다. 하지만 일부 여성운동가들이 말하는 "여권 신장"이라는 측면에서 여성사제직을 다룬다면 문제가 있다고 봅니다. 현실이 어떠하든 사제직은 "권위"가 아니기 때문입니다.

사실 역사적으로 사제직이 봉사직이라기보다는 하나의 "권위"로 변형되어 왔음이 사실입니다. 이때문에 사제직의 본래 모습, 즉 사람을 위해 죽으신 그리스도를 본받아 자신을 죽임으로써 사람과 인간 사이의 다리 역할을 수행하는 직무로 되돌아가야 한다는 주장이 강하게 제기되고 있는 지금, 사제직에의 참여를 권위와 힘에의 참여로 이해한다면 그 시작부터 잘못된 것이라 아니할 수 없을 것입니다. 따라서 남성과의 동등한 권위의 분배를 주장하는 "여권 신장"의 입장에서가 아니라 여성도 인류를 위해 자신의 몸을 희생할 임무가 있다는 신학에 바탕을 두고 여성사제직 문제에 접근해야 한다고 봅니다.

동방 교회들과의 일치 문제

같은 서방 교회의 전통에 뿌리를 두고 있는 개신교의 형제들과의 일치도 중요하지만, 많은 부분에 있어 초기 교회의 공통 자산에 기초하여 공통 신학과 전례 자산을 공유하고 있는 동방 교회들과의 일치 문제는 가톨릭 교회에 있어 아주 긴급한 과제로 남아 있습니다. 여성사제직과 관련지어 볼 때 문제는 동방 교회들이 여성사제직에 부정적인 입장을 취하고 있다는 사실입니다. 이러한 터에 가톨릭 교회가 일방적으로 여성사제직을 허용할 경우 동방 교회들과의 일치 문제는 더욱 어렵게 될 수 있음이 사실입니다.

성공회와의 일치를 위한 대화가 성공회 측의 일방적 여성 사제 임명으로 인해 큰 어려움에 처해 있는 현실을 생각하면, 이는 실로 가볍게 보아 넘길 수 없는 문제입니다. 따라서 동방 교회들과의 신학적 대화를 통해 상호 이해를 구하는 것이 바람직하다 하겠습니다. 여성의 사제직에의 참여라는 한 가지 "선"(善)을 위해 동방 교회들과의 일치라는 또 다른 "선"이 파괴되는 일이 있어서는 안된다고 봅니다.

준비된 개혁만이 성공한다

여성사제직을 둘러싸고 있는 문제가 이렇듯 간단하지가

않기 때문에 쉽게 해결될 수 있다고는 생각하기 어렵습니다. 그렇다고 해서 여성이 그리스도의 파스카 신비에 동등하게 참여해야 한다는 대원칙을 무시하고 남성 위주의 성직자로 이루어진 교회 현실에 안주할 수는 더욱더 없을 것입니다. 따라서 우리 신자들이 무엇보다도 열린 마음, 즉 여성은 사제가 될 수 없다는 고정 관념에서 깨어나 여성의 품위와 인격을 존중하는 마음을 가져야 할 것입니다. 또한 현실이 비록 잘못되어 있다고 하더라도 사제직은 또 다른 힘이나 권위가 아니라 바로 예수님의 봉사직의 연장(延長)이라는 사실을 똑바로 보고, 여성도 바로 이러한 봉사직에 남성과 동등하게 불리었다는 사실을 깨달아야 할 것입니다. 그외 여성사제직에 부정적 입장을 보이고 있는 동방 교회들과의 충분한 신학적 대화를 가짐으로써 여성사제직 문제가 교회일치에 걸림돌이 되는 것을 미리 막아야 합니다. 예수님은 분명 여성의 인격과 품위를 존중하셨지만, 형제들간의 일치 또한 간절히 원하셨기 때문에 이 두 가지 모두 소홀히 다뤄서는 안될 것입니다.

미처 받아들일 준비가 되어 있지 않을 때 이루어지는 개혁은 실패하기 쉽습니다. 잘 준비된 개혁만이 열매를 맺을 수 있다는 사실을 인식하여, 먼저 우리부터 열린 마음을 가져야 하지 않을까 합니다.

동방 교회, 동방 교회들

 TV나 영화에서, 가톨릭 교회도 아니고 그렇다고 개신교도 아닌 다른 그리스도 교회들이 등장하는 것을 가끔 보게 됩니다. 이런 교회들을 사람들은 동방 교회 또는 그리스 정교회(正敎會)라 부르곤 합니다. 로마 가톨릭 교회가 서유럽에 있다 해서 서방 교회라 부르고 정교회는 동유럽에 있다 해서 동방 교회라고 부르는 것인지요. 그리고 동방 교회는 그리스 정교회만을 가리키는지요.

그리스도교는 하나이다
 예수님이 지금의 이스라엘에서 복음을 전하시고 승천하신 후 제자들은 그분의 행적과 말씀을 전하기 위해서 이스라엘뿐만 아니라 당시 자신들이 갈 수 있는 모든 지역으로 발길을 돌렸습니다. 이들은 무엇보다도 사람들이 많이 모여 살고 있는 큰 도시들을 방문하여 복음을 전하였는데, 이에 대한 기록을 우리는 사도행전과 바울로 사도의 서간들 안에서 생생하게 찾아볼 수 있습니다.

 제자들에게 있어 가장 중요한 것은 그리스도에 관한 복음을 세상에 알리는 것이었으며, 이 복음은 모든 그리스도교 신자들을 하나로 묶어 주는 중심 역할을 하였습니다. 비록 지역적으로 멀리 떨어져 있었다 하더라도, 인종이 다르고 신분이 다르다 할지라도 복음을 받아들인 이는 모두 한 형제 · 자매라는 사실을 아무도 의심하지 않았습니다. 달리 말하면 복음이 하나인 까닭에 그리스도 교회 역시 하나였던 것입니다.

다섯 교회의 형성과 발전
 로마 제국 안에는 각 지방마다 경제 · 문화 · 사회적 중심지로서의 역할을 맡고 있는 큰 도시들이 여럿 있었습니다. 사람들이 많이 모여 있는 이런 큰 도시들에 제자들이 복음을 먼저 전한 것은 당연한 일이었습니다. 이렇게 큰 도시에 형성된 공동체를 위해서 제자들은 신도들 가운데 유능한 이를 책임자로 임명하였고, 또 큰 도시 신자들 가운데는 학식있는 사람도 많았기 때문에 이런 큰 도시 교회는 자연적으로 그 지방의 중심 교회 역할을 담당하게 되었습니다. 특히 사도들이 직접 세운 것으로 전해진 큰 도시 공동체는 각별한 중요성을 인정받았으니, 3~4세기에 이르러 바울로 사도가 창립한 것으로 간주된 안티오키아 교회(지금의 소아시아 지역), 베드로 사도와 바울로 사도가 창립한 것으로 인정받은 로마 교회, 마르코 복음사가가 창립한 것으로 전해진 알렉산드리아 교회(에집트)는 당시 각 지역을 대표하는 3대(三大) 교회로서 인정받았고 또 그에 걸맞은 발전도 이룩하였습니다. 4세기에는 콘스탄티노플(지금의 이스탄불)이 동로마 제국의 수도가 되면서 그 지역의 중심 교회로 발전되었고, 또 5세기에는 모교회(母敎會)인 예루살렘이 위의 네 교회와 더불어 가장 중요한 교회로 인정받게 되었습니다. 이리하여 5세기에는 교회 행정적으로 독립된 5개의 총대주교좌 교회가 세워지게 되었습니다. 이 교회들은 각기 자기네가 위치한 지역의 문화와 전통에 따라 복음을 재해석하여 전례와 신학을 발전시키는 가운데 주변에 있는 작은 교회들을 관할권에 두면서 독자적으로 발전하였습니다.

동방 교회들의 형성

지금의 서유럽에 해당하는 지역에는 단 하나의 총대주교좌 교회가 있었으니 그것은 곧 로마 교회였습니다. 이 교회는 서유럽 전역을 복음화함으로써 후에 서방 교회는 로마 교회를 가리키게 될 정도로 서유럽 거의 전부를 자기 관할권 밑에 두었습니다. 이에 반해 네 개의 총대주교좌 교회가 있었던 동유럽과 중동 지방은 사정이 달랐습니다. 우선 무엇보다도 이 지역은 인종과 문화, 역사가 서로 다른 민족들로 구성되어 있었고 또 이미 독자적으로 발전한 교회들이 형성되어 있었습니다. 이때문에 각 지역의 문화와 전통에 따라 각기 나름대로 발전한 독특한 신학과 전례를 가진 교회들이 형성되었습니다.

먼저 콘스탄티노플을 중심으로 한 교회는 후에 정교회(正敎會)라 불리게 되면서 동유럽을 중심으로 발전을 이룩하였으니, 지역에 따라 그리스 정교회, 러시아 정교회 등으로 불리기도 합니다. 이 정교회는 주로 동유럽에 널리 퍼져 있습니다. 알렉산드리아 교회는 에집트에서 콥틱 교회로 발전되었습니다. 소아시아 지방은 이보다 복잡하게 발전되었으니, 처음에 서시리아 교회, 동시리아 교회로 발전되다가 후에 신학상, 지리적 이유 등으로 인하여 여러 교회가 형성되었습니다. 현재 옛 소련의 남부인 아르메니아 지방(터키와의 접경 지대)과 터키 일부에는 아르메니아 교회가, 이란과 이라크 국경을 사이에 둔 지역에는 깔다이 교회가, 레바논에는 마로니트 교회가 형성되었습니다. 또 에티오피아에는 에티오피아 교회가, 인도 남부에는 말라바르 교회가 있습니다. 한때 경교란 이름으로 중국에까지 진출하였던 네스토리오 교회 역시 동방 교회 가운데 하나입니다.

동방 교회가 아니라 동방 교회들이다

위에서 살펴보았듯이 로마 교회를 중심으로 한 서방 교회와는 달리 동방 교회는 하나의 교회를 이루고 있지 않습니다. 이 교회들은 행정적으로뿐만 아니라 신학적·전례적으로도 다른 교회와는 독립되어 있습니다. 따라서 동방 교회들이 여럿 있다는 뜻에서 "동방 교회들"이라는 표현을 써야 할 것입니다. 정교회가 가장 큰 덩치를 이루고 있고 또 가장 널리 알려져 있어서 이를 동방 교회와 동일시하는 것은, 다른 동방 교회들을 무시하는 처사라 아니할 수 없을 것입니다. 한때 신학이 다르다 해서 서로를 적대시한 적도 있고, 아직도 그러한 움직임이 사라진 것은 아니라 할지라도 로마 가톨릭 교회는 제2차 바티칸 공의회를 통하여 이들 동방 교회들로부터 배울 점을 찾는 가운데 일치를 도모하고 있다는 점에서 무엇보다도 동방 교회들을 존중하는 가운데 그들에 대해 배우겠다는 자세를 갖추는 것이 중요하다 하겠습니다.

로마 교회와 일치된 동방 교회들

일반적으로 동방 교회들은 로마 교황의 행정적 수위권을 인정하지 않습니다. 로마 교회 역시 동방 교회들을 일방적으로 로마 교회의 테두리 안에 가두고자 하지 않습니다.

동방 교회들과의 일치 노력은 계속되어 왔으니, 1964년에 있었던 정교회의 수장(首長)인 콘스탄티노플의 총대주교와 로마 교황과의 만남은 그동안 로마 교회와 정교회 사이에 있었던 반목과 상호 파문(破門)을 없애고 앞으로 일치를 위해 서로 노력할 것을 다짐하는 상징적 계기가 되었습니다.

이러한 일치 노력은 역사적으로도 계속되어 왔으며, 그 결과 전례는 자기네가 속한 지역의 동방 교회의 전례를 따르면서도 로마 교회와의 일치를 선언한 교회들도 있는데, 그 대표적인 예가 우크라이나 정교회입니다. 이 교회는 대다수가 로마 교회와 일치를 선언한 경우이지만, 일부 지역에서는 소수가 로마와의 일치를 선언하면서 따로 교회를 이루는 경우도 있습니다. 예를 들어 에집트의 곱틱 교회의 전통을 따르면서도 로마 교회와 일치를 선언한 교회가 있는데, 이 교회를 "로마 교회와 일치를 이룬 곱틱 교회"라 부릅니다.

쓰레기 속에 버려진 성모님

 어느 날 마리아 씨는, 쓰레기 수거함에 있는 검은 비닐 봉지에서 비죽 튀어나온 어떤 물체를 보았습니다. 눈에 익은 물건이라 비닐 봉지를 열어 보니 석고로 만든 낡은 성모상이었습니다. 그냥 두고 가자니 찜찜하고, 그렇다고 쓰레기더미 속에 들어 있던, 연고도 모르는 성모상을 가져가자니 그것도 내키지 않고 ….
 하여 마리아 씨는 눈 딱 감고 그냥 발길을 돌리긴 하였지만, 쓰레기더미에 묻혀 계신 성모님의 모습이 눈에 선하여 계속 편치 않은 마음이라 합니다.

준성사로서의 성물(聖物)들
 눈에 보이지 않는 하느님의 은총을 눈에 보이는 형태로 전달해 주는 것을 성사(聖事)라고 합니다. 그런데 이 성사는 일곱 개밖에 없어서 신자들이 이러한 은총의 기회를 자주 받을 수 없었습니다. 이에 신자들의 신앙 생활에 도움이 될 은총의 매개체들을 원하게 되었고 이로써 교회는 성사를 모방하여 그러한 매개체를 만들게 되었습니다. 이러한 매개체들을 우리는 준성사(準聖事)라 합니다.
 이 준성사의 종류는 대단히 다양하며, 시대와 장소에 따라 서로 다를 수 있는 것이 그 특징입니다.

준성사의 종류
 준성사에는 크게 행위와 물건으로 나눌 수 있습니다. 집이나 자동차 및 사람을 축성하거나 강복하는 것은 그 행위 자체가 준성사가 되는 것입니다. 이때 그 축성된 물건이나 사람 그 자체가 은총을 전달하는 도구가 되는 것은 아니고 축성 행위를 통해서 하느님의 은총이 그 대상에 내리기를 기원하는 것입니다. 이에 비해 성모상, 성인상, 십자가, 성

수, 메달에 대해 강복하면, 이것들은 우리에게 하느님의 은총을 전달해 주는 도구로 준성사가 됩니다.

준성사의 효과와 역할

성사가 마술이 아니듯 준성사 역시 마술이 아닙니다. 예를 들어 십자가 자체가 은총을 전달해 주는 것이 아니라 그 십자가를 통해 우리 마음이 하느님께로 향할 때 은총은 우리에게 전달됩니다. 이렇게 준성사는 우리로 하여금 예수 그리스도의 파스카 신비, 즉 그의 수난과 죽음을 묵상하고 거기에 나름대로 동참하게 하며, 바로 이렇게 될 때 준성사는 우리에게 은총을 전달해 주는 도구가 되는 것입니다.

그릇된 준성사 관행

준성사의 이러한 기능을 무시한 채 일부 신자들은 준성사를 하나의 부적처럼 여기는 것 같습니다. 자동차 실내 거울에 달려 있는 묵주, 기도와는 상관없이 장식용으로 방 구석에 놓여진 성모상과 성화들, 하나의 액세서리처럼 변질된 묵주 반지와 십자가 목걸이 …. 마치 이러한 것들을 지니고 있음으로써 하느님의 보호를 보장받을 수 있다고 여기는 것 같습니다.

파손된 준성사(성물)의 처리

우리나라를 상징하는 태극기가 더러워지면 깨끗한 곳에서 태워야 한다는 것을 모르는 분은 거의 없을 것입니다. 태극기가 더러워지면 우리나라에 대한 상징성이 다하기에 태우도록 하는 것입니다. 준성사도 이와 마찬가지입니다. 준성사가 된 물건(성물)은 그 자체가 거룩한 것이 아니라 하느님의 파스카 신비를 전하는 도구요 또한 은총을 전달하는 도구인 까닭에 거룩한 것입니다. 따라서 파손되거나 더러워진 성물은 그 기능을 다한 것으로 보고 깨끗한 곳에서 태우거나 또는 형체를 알 수 없도록 부수어 땅에 묻거나 버리면 됩니다. 이렇게 하는 까닭은, 비록 더 이상 준성사가 아니더라도 다른 사람에 의해 함부로 다루어지는 것을 막기 위함입니다.

우리 주위에는 예상 외로 많은 준성사(성물)가 많습니다. 이 준성사에 대한 우리의 자세는 어떠한지요?

풍수 지리와 무덤 축성

 가까운 친지가 병으로 죽어서 성당에서 장례미사를 치르고 천주교 공동묘지에 안장하였습니다. 미사를 주례하시던 신부님께서 장지까지 오셨는데 관을 묻기 전 신부님께서 무덤에 성수를 뿌리고 향을 피우는 것을 보았습니다. 시신이 묻힐 무덤을 강복하는 것으로 이해되었습니다. 그런데 일반 사람들도 사람을 묻을 때 풍수(風水)를 따져 길지(吉地)를 고르고, 집안에 안 좋은 일이 생기면 무덤을 잘못 써서 그런다고 무덤을 옮기곤 합니다. 천주교에서의 무덤 축성과 풍수 지리에서 길지를 택하는 것은 그 성격이 같은 것이 아닌지요.

 요즘 TV나 신문, 잡지를 보면 풍수에 대한 기사를 가끔 발견하게 됩니다. 어떤 잡지는 유명 인사들의 조상들 무덤을 풍수 지리학적으로 해석하면서, 조상묘를 잘 썼기 때문에 그 후손들이 잘되었다는 식의 글을 싣기도 했습니다. 어떤 역학가는 북한의 김일성의 조상 묏자리를 풍수적으로 해석하면서 북한의 김정일 정권에 대한 운명을 예언하여 사람들의 호기심을 끌기도 했습니다.

 사실 우리는 주위에서 풍수에 대한 신비스런 이야기를 많이 들을 수 있습니다. 특히 조상 묏자리와 관련된 풍수 이야기가 후손의 길흉화복과 연계되어 많이 퍼져 있는데, 어떤 면에서 이러한 풍수 이야기는 일종의 신앙으로까지 되어 있다고도 할 수 있을 것입니다.

 물론 풍수 지리를 과학적 차원에서 분석하면서 풍수 지리가 미신이 아님을 증명하고자 하는 이들도 있고, 나아가서 조상의 묏자리에 따라 후손의 운명이 결정되는 것처럼 말하는 것은 진정한 의미의 풍수가 아님을 강조하는 이들도 많이 나타나고는 있지만, 아직도 풍수 지리는 후손의 복과 연계되어 이해되고 있는 것이 일반적인 현상이라 할 수 있습니다.

후손이 잘되기 위해선 묏자리를 옮겨라?

언젠가 한 신자가 제게 찾아와 말하길, 집안 일이 왠지 잘 풀리지 않고 아이들의 학교 문제도 자꾸 꼬이기만 하여 답답한 마음에 점치는 사람에게 갔답니다. 그 점장이는 이분의 말을 들은 다음 단호하게, "어허, 시부모님 묘를 잘못 써서 그렇구먼. 묘를 옮겨요. 그러면 모든 게 다 잘될 거요" 하더랍니다.

신자로서 점장이를 찾아간 것 자체가 마음에 꺼림칙하기는 하였지만, 그래도 혹시나 하는 마음이 들어 풍수를 잘 본다는 신부님을 방문하였답니다. 그랬더니 그 신부님 역시 "시부모님 관 밑으로 수맥이 흘러요. 조금만 관을 옮기면 지금 당하는 모든 어려움이 다 해결될 겁니다"라고 하더랍니다. 신부님까지 그렇게 말하니 시부모님 무덤을 열고 관을 옮기려고 마음을 먹었지만, 부모님 무덤 위치와 우리 가족의 길흉화복을 연결시켜 생각하는 것이 과연 천주교 신자로서 떳떳한 일인가 하는 의문이 떠올라 조언을 구하러 저를 찾아온 것이었습니다.

정직하게 말해서 저는 풍수 지리에 대한 지식이 거의 없습니다. 따라서 조상의 묏자리에 따라 후손의 길흉화복이 결정된다는 일반 믿음이 풍수 지리에 근거한 것인지 아닌지에 대해서도 저는 모릅니다. 하지만 그리스도교 신앙과 전례에 비추어볼 때, 묏자리에 대한 민간 신앙은 받아들이기 어렵습니다.

그리스도교는 근본적으로 예수 그리스도에 대한 신앙을 바탕으로 하느님께 죽기까지 순종하신 그리스도의 모범을 따라 살아야 함을 가르치며, 따라서 조상 묏자리를 잘 씀으로써 복을 얻고자 하는 기복신앙의 흔적을 성서와 교회 가르침 어디에서도 찾아볼 수 없기 때문입니다.

묘지 축성은 복을 받기 위함이 아니다

천주교에서는 신자가 죽으면 그가 묻힐 묘지를 성수와 향으로써 축복합니다. 어떤 이는 이러한 축복 행위를 보고, 이것이 마치 풍수 지리에서 말하는 명당을 만들기 위한 것인 양 생각하기도 합니다. 하지만 묘지 축성은 기복신앙과는 아무런 관계도 가지고 있지 않습니다. 성수를 묘지에 뿌리는 것은 죽은 이가 받았던 세례를 상기시키는 것입니다. 신자의 몸은 세례로써 그리스도의 지체이자 성령의 거처로 변모하는데, 향은 바로 이러한 육신의 품위를 드러내기 위함입니다. 부수적으로는 그리스도의 제자가 묻힐 땅을 그에 걸맞게 정화한다는 뜻도 가지고 있습니다. 묘지를 축성하는 것은 거기에 묻힐 신자의 육신을 존중해서 그러지 땅 자체에 대한 축복이 아닙니다. 이러한 본래의 뜻을 되새겨본다면, 묘지 축성을 풍수 지리에서 말하는 명당 선택과 연관시켜 생각할 수 없을 것입니다.

신앙이 바로 참된 명당

그리스도교 장례식을 잘 살펴보면 죽은 이에 대한 존경과 하느님의 자비에 그를 맡긴다는 신앙, 부활에 대한 믿음만을 볼 수 있을 따름입니다. 여기서 후손의 복과 관련된 그 어떤 믿음도 나타나고 있지 않습니다. 더군다나 죽은 이가 묻힐 묏자리에 따라 후손이 잘되고 잘못된다는 사상은 눈을 씻고 살펴보아도 찾아볼 수 없습니다.

그리스도교는 죽은 이와 산 이가 죽음으로써 완전히 헤어지는 것이 아니라 하느님께 대한 믿음 안에서 서로 통교하고 있음을 가르칩니다.

죽은 이는 천상 교회를 이루고 산 이는 지상 교회를 이루면서 한마음으로 하느님을 찬미하며 서로를 위해 기도한다는 것이 교회의 가르침입니다. 산 이가 죽은 이에게 기도할 때 죽은 이가 어떤 신적인 힘으로 복을 내려 달라는 것이 아니라, 천상 교회에 합류한 그가 산 이를 위해 하느님께 기도해 달라는 뜻입니다. 결국 여기서 드러나는 것은 하느님께 대한 믿음이며, 산 이와 죽은 이의 통교 또한 바로 하느님께 대한 믿음 안에서 이루어진다는 점입니다.

 이러한 우리 신앙에 비추어볼 때, 묏자리에 따라서 길흉화복이 정해진다는 것은 받아들일 수 없는 사상이며, 따라서 복을 가져다준다는 의미에서의 명당 개념도 우리 신앙 안에서는 설 자리가 없는 것입니다.
 물론 사람이 살기 좋은 곳, 지하의 수맥으로 인해 관이 이동되거나 묘가 파손될 염려가 없는 곳으로서의 명당을 부인하는 것은 아닙니다. 자신에게 복을 내려줄 명당을 찾는 미신적 행위를 배척할 뿐입니다.

 우리의 참된 복은 재물이나 명예가 아니라 하느님과 일치된 삶일진대, 그러한 복을 내려 주는 것은 외적 물질이나 조상의 묏자리가 아니라 우리 믿음이 아니겠습니까?

IV. 당신은 어느 파?

돈만 주면 교회는 저절로 …

 악마들이 회의를 하였답니다. 대왕마귀가 한숨을 쉬며 말했습니다. "어떻게 해야 교회를 이 세상에서 없앨 수 있을까? 박해를 해도, 이간질시켜 여러 교파로 갈라서게 만들어도 교회는 날로 번창하니 말이다." 모두들 한숨만 쉬며 이리저리 궁리하고 있는데 구석에 앉아 있던 꼬마악마가 손을 들고 말했습니다.

 "어르신네들, 아무 걱정 마세요. 교회가 잘되도록 도와주세요. 박해도 없고, 신도수도 늘게 해주고, 큰 교회도 지을 수 있도록 해주세요. 그러고는 마지막으로 교회에 많은 돈을 주세요. 돈만 주면 됩니다. 그러면 교회는 저절로 망할 거예요." 악마들은 모두 한마음이 되어 제안을 받아들이기로 하였답니다.

 어느 날 늙은 부인 한 분이 성당에 찾아와 신부님께 죽은 자기 남편을 위하여 미사를 드려달라고 돈을 내놓았습니다. 열 번 미사를 드려달라고 청하면서. 열흘 후 부인은 꿈에 남편의 모습이 나타나자 뒤숭숭해서 다시 본당신부님께 갔습니다. 아무래도 남편이 아직 연옥에 있는 것 같은데 어떻게 하면 되겠느냐고 상의하자, 신부님은 인자한 미소를 띠며 말했습니다. "미사 열 대를 드린 덕분에 이제 남편의 몸 대부분은 연옥에서 빠져나왔는데, 아직 발 부분이 연옥에 있으므로 미사 다섯 대 더 드리면 됩니다."
 중세 때 흔히 있었던 이야기지만, 현재 우리 신자들의 의식 수준은 어떻습니까?
 돈은 그 자체로 보아 나쁜 것은 아니지만, 우리가 돈에 대해 절제하지 못할 때 돈은 악마의 도구로 바뀝니다. 교회에서 이러한 돈의 해독은 흔히 미사예물의 형태를 띠고 다가옵니다.

 교회는 미사예물로 하느님의 은총을 살 수 없다고 언제나 말해 왔지만, 일반 신자들 사이에 퍼져 있는 미신적인 생각을 제거하는 데는 그다지 적극적이지 못한 것도 사실입니다. 중세 때, 미사예물로 인한 악습은 너무 커서 결국 종교개혁으로까지 발전하게 되었던 것입니다.

 교회가 미사예물의 남용을 막기 위하여 미사 한 대당 단 하나의 미사예물만 받을 수 있다고 선언하자 일부 신부들은 더 많은 예물을 받기 위하여 하루에도 여러 차례 미사를 드렸고, 교회가 다시 이를 금지하자 "가짜미사"(감사기도문을 빼고 하는 미사), "반복미사"(감사기도문만 한 번 하고 미사의 나머지 부분은 원하는 횟수만큼 반복하는 것), "개인미사"(신부 홀로 드리는 미사)라는 이상한 미사가 등장하기도 했습니다. 그러나 이 모든 것은 미사예물을 받기 위한 편법일 뿐이었습니다.

 죽은 이를 위한 미사 때 바친 돈의 액수에 따라 천국행이냐 아니냐가 결정되는 것은 아닙니다. 천만 원을 미사예물로 내놓았다 해서 공부도 안한 아들이 일류대학에 들어갈 수 있는 것도 아닙니다. 하느님은 행운을 파는 장사꾼이 결코 아닙니다.

 미사예물은, 그 지향이 어떻든 본래 뜻은 하나입니다. 하느님의 은총에 감사드리고, 사제의 생활비와 사목활동을 경제적으로 돕는 것입니다.

 미사예물의 정신이 이러할진대, 만일 누군가가 미사예물로 은총을 살 수 있다고 생각한다면, 그는 꼬마악마의 하수인일 것입니다. 그는 사제를 무당과 동일시하고, 하느님을 우상과 같은 격에 두는 사람입니다.

 여러분은 미사예물을 어떻게 생각하십니까?

강복을 돈으로 산다?

얼마 전 제가 아는 한 신자가 찾아왔습니다. 시골에 있는 집을 처분하고 어렵사리 서울에 새 집을 하나 장만한 이 신자분, 신자된 도리로서 새 집을 강복받고 싶긴 한데 신부님께 얼마 정도의 예물을 드려야 하는지 난감하더랍니다. 자기 생각에도 시골 본당과는 차이가 있을 것으로 짐작하고 고민하던 끝에 본당 사무실에 찾아가 사무장께 "집을 강복받는 데 신부님께 얼마를 드려야 할까요?" 하고 조언을 구하였답니다. 그러자 사무장은 확실한 대답을 피한 채, "에이, 알아서 하세요" 하더랍니다. 알아서 하라는 말이 얼마나 무서운지 잘 알고 있는 이 신자, 제발 알려달라고 거의 애원조로 부탁했더니, "이 정도는 하셔야죠" 하며 얼른 손가락 다섯 개를 쫙 폈다가 겸연쩍게 손을 감추더랍니다.

"손가락 다섯 개가 무엇을 의미하는 것이지요?" 이것이 저를 찾아온 이 신자가 알고 싶었던 것이었습니다. 저는 본당 생활 경험이 없는 수도회 사제라 이러한 본당의 관행에 대해 알 수는 없었기에 "그것이 무엇을 의미한다고 생각하세요" 하고 되물을 수밖에 없었습니다. "글쎄요, 손가락 다섯 개가 오만 원으로 생각되기도 하고 한편으로는 오십만 원을 뜻하는 것도 같은데요. … 오만 원은 적은 듯 하고 오십만 원은 너무 많은 것 같아서요." 그 신자와 헤어진 저는 착잡한 심정이 될 수밖에 없었습니다. 이 착한 신자를 그런 고민(?) 속으로 몰아넣는 교회의 현실이 부끄럽게도 여겨졌습니다.

사제도 보수를 받을 권한은 있다

아무리 종교가 영적인 것이라 하더라도 한 종교를 구성하고 있는 이들이 이 사회에 발을 디디고 사는 사람들인지라 돈과 아무런 관련도 맺지 않고 살 수는 없을 것입니다. 사제나 수도자 역시 입고 먹고 사는 것은 다른 사람들과 다를 수 없습니다. 사도 바울로는 하느님 나라를 위해서 일하는 사람들은 그 일로 인해 먹고 살 권리가 있다고 아주 길게 강조하고 있습니다(1고린 9,3-18 참조). 따라서 교회 안에서 일하는 사람들, 특히 사제들이 교회 안에서 활동할 때, 회사에 다니는 사람들이 회사 일을 함으로써 보수를 받듯이 그에 상응하는 보수를 받는 것을 나쁘다고 할 수는 없을 것입니다. 어쩌면 종교인과 돈은 아무런 관련도 없는 것인 양 생각하려는 것이 무리라고 해야겠지요.

정당한 보수 또는 착복

가전 제품을 하나 샀습니다. 산 지 얼마 안되어 고장이 나서 애프터 서비스를 청하자 회사에서 직원이 왔습니다. 작은 고장이고, 계약서대로 하면 원래 무료로 해주는 것이지만 쉽게 고쳐 주는 그가 고마워 마실 것과 간단한 다과를 대접했습니다. 그런데 그 직원이 갑자기 돈을 청구했습니다. 출장비에 부속품 값이라나요. 저는 계약서를 내밀면서 이것은 당연히 무료가 아니냐고 항의할 수밖에요. 그 직원이 그래도 고집을 부리며 돈을 요구하여 회사에다 전화해서 알아보고 돈을 주겠다고 하자 그냥 가버리더군요.

한 회사의 직원이 회사를 위해 일한 대가로서 그 회사가 주는 돈을 받는 것을 우리는 정당한 보수라고 합니다. 하지만 그가 회사의 지위를 이용하여 부당한 이익을 취한다면 우리는 그것을 착복이라고 말합니다.

강복을 돈으로 산다?

우리 천주교 신자들은 일반적으로 우리 생활에 필요한 모든 것들, 특히 새 차를 사거나 새 집에 들어갈 때 사제에게 차와 집을 축성해 주기를 청합니다. 이것은 자신이 소유한 것을 하느님께 바친다는 의미와, 자신의 일상 생활을 하느님과 연관시켜 살겠다는 믿음을 표현하는 것입니다. 이때 강복을 베풀기 위해 온 사제에게 우리는 사례금조로 예물을 드리는데, 이 예물이 강복과 직접적인 관계가 없다는 것은 두말할 필요도 없을 것입니다. 예물은 사제에게 드리는 마음의 표시요, 강복은 하느님이 주시는 것이기 때문입니다. 사제는 하느님께로부터 은총을 거저 받기 때문에, 그 은총을 신자들에게 거저 베풀 뿐입니다. 하느님의 은총을 돈으로 계산할 수 있겠습니까?

문제는 사제에게 감사의 마음으로 드리는 예물에 있다 하겠습니다. 즉, 예물의 액수가 많을수록 강복도 많아지리라는 오해가 일부 신자들 사이에 있는 것이 문제라 하겠습니다. 하지만 위에서 말한 대로 강복은 하느님이 베푸시는 것이라 돈과는 상관없고, 강복을 청하는 신자들 마음 자세에 강복의 크기가 달려 있다고 할 수 있습니다.

물론 예물이 강복의 많고 적음과는 관계없음을 잘 알고 있으면서도 체면 때문에 또는 사제에 대한 존경 때문에 많은 액수의 돈을 내는 사람도 있을 것입니다. 하지만 사제가 먼저 강복의 대가로 큰 액수의 돈을 요구한다면, 이는 신자들에게 강복을 돈으로 산다는 오해를 불러일으킨다는 점에서, 또 하느님을 욕되게 할 수 있다는 점에서 아주 바람직하지 않다고 하겠습니다.

강복 예물은 정성껏 바치는 것이 원칙

강복을 청할 때 사제에게 어느 정도의 예물을 바칠지는 일상적으로 통용되는 기준이 있을 것이기에 여기서 얼마라고 딱 짚어 말할 수는 없습니다. 하지만 어느 본당이나 사제가 일상적 기준을 넘어선 터무니없는 돈을 요구한다면 신자는 당연히 이를 거부할 수 있을 것입니다. 예물이 정성의 차원을 넘어서는 것이라면 이는 예물이 아니요 착취와 다를 바 없기 때문입니다. 사제는 하느님을 사장으로 모시는 회사에 근무하는 애프터 서비스 직원이라 할 수 있습니다. 그가 할 일은 하느님 회사의 상품인 은총을 사람들에게 나누어주는 일을 하는 것입니다. 따라서 사제는 신자들에게 봉사하는 차원에서 축성해 주는 것이지 돈을 벌기 위해서 하는 것이 아닌 것입니다. 그렇다면 사제에게 드리는 예물 액수는 상식이 통하는 선에서 해야 되겠지요.

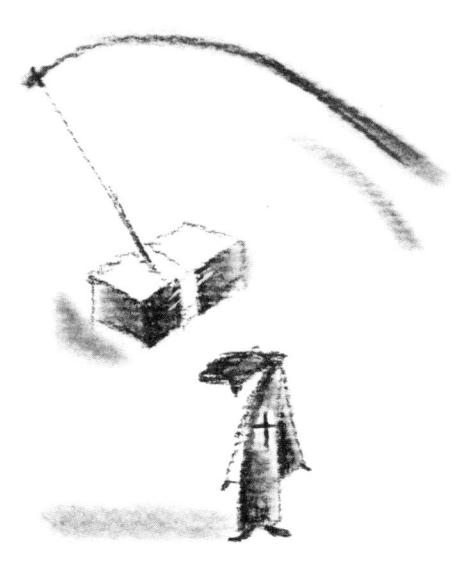

돈을 내라고요?

 몇 달 동안 예비자 교리에 참석하여 교리를 배운 후 올 성모 승천 대축일에 영세를 받은 사람의 대부를 선 사람입니다. 영세를 받기 전 제 대자가 제게 와서, 교리를 담당하셨던 수녀님이 예비자들에게 신부님께 영세 미사 때 감사예물을 바치라고 하는데 그 말을 듣는 순간 기분이 조금 야릇하더라는 겁니다. 성당에서 세례라는 선물을 주었으니, 너희도 그에 마땅한 돈을 내야 되지 않느냐 하는 식의 상업적 느낌이 들어 꺼림칙하다는 제 대자의 말이었습니다. 이에 감사예물의 의미를 설명하면서 그를 납득시키려고 하기는 하였지만 왠지 저 자신도 마음이 개운하지는 않았습니다. 세례를 받기 전 꼭 감사예물을 내야 하는 것인지요.

주객이 바뀌다

 언젠가 강릉 경포대 해수욕장으로 놀러 간 적이 있었습니다. 해수욕장 일대는 도립공원으로 지정되어 입구에서 입장료를 받습니다. 강릉에서 경포대 해수욕장으로 가는 시내 버스를 탔습니다. 도립공원 입구의 매표소에 도착하니 버스가 서고 이어 도립공원 관리인인 듯한 사람 하나가 버스에 올라타서는 큰 소리로 외치는 것이었습니다. "여기 주민이 아닌 사람은 다 내리세요!" 너무나 당당한 그의 목소리에 기가 죽어 저를 비롯한 경포대 주민이 아닌 사람은 모두 버스에서 내렸습니다. 그런데 우리가 내리자마자 버스는 도립공원 안으로 달려가는 것이 아니겠습니까. 버스 종점은 매표소에서 약 200미터 안쪽에 자리잡고 있었던 것입니다. 입장표를 사면서 저는 너무나 화가 나 그곳 관리인들에게 말했습니다. "우리는 버스 요금을 냈기 때문에 종점까지 갈 권리가 있으므로 당신들이 버스 안에서 표를

팔든지 아니면 우리가 표를 산 다음 버스를 타고 갈 수 있도록 해야 될 것이 아닙니까?" 그러자 조금 전 버스에서 내리라고 한 관리인이 변명 비슷하게 기어들어가는 목소리로 "종점이 여기에서 별로 안 먼데요" 하는 것이었습니다. 이 말에 화가 더 난 저는 "요금 징수를 당신들 편의대로 하자고 우리 관광객들은 불편을 감수해도 된다는 겁니까?" 하고 한번 더 목소리를 높여 불만을 터뜨릴 수밖에 없었습니다. 자기들 잘못을 아는지 그들은 아무 말도 하지 않았습니다. 관광 도시임을 내세우는 강릉에서 이런 행위가 버젓이 일어나고 있는 것을 보고 강릉에 대한 인상이 아주 나쁘게 바뀌는 것은 비단 저뿐만이 아니라고 생각됩니다. 관광객에게 가능한 한 친절과 편의를 도모할 의무가 있는 사람들이 오히려 자기들 편의를 위해 관광객에게 불편을 강요하는 곳이 과연 진정한 의미의 관광 도시라 할 수 있을까요.

감사예물은 의무인가?

수도권에 속하는 한 본당에 사는 신자 한 분이 분개한 목소리로 제게 다음과 같은 말을 했습니다. 남편만 신자이고 아내는 개신교 신자로서 오랜 세월 혼인성사를 받지 못한 채 살아온 한 부부가 있었습니다. 어느 날 개신교 신자인 그 아내가 천주교에 다니겠다고 하면서 아이들까지 전부 성당 교리반에 들여보내는 것은 물론 자기 자신도 영세반에 들어갔습니다. 오랜 천주교 전통을 가진 집안에서 자라났음에도 불구하고 혼인성사를 받지 않아 신앙 생활을 하지 못했던 남편의 기쁨은 이루 말할 수 없었겠지요. 착실한 준비 끝에 드디어 아이들도 아내도 영세를 받았습니다. 이어 혼인성사까지 받았는데, 성당에서 일하는 사람이 이들 부부에게 신부님께 감사예물을 바쳐야 하지 않겠느냐고 말하면서 상당히 많은 돈을 제시하자 이 부부는 무척 당황하지 않을 수 없었습니다. 영세와 혼인 성사 준비로 바쁜

나머지 주머니에 넣어둔 돈이 없었기 때문이었습니다. 해서 나중에 드리겠다고 약속을 하였습니다. 하지만 갑자기 적지 않은 돈을 마련하는 것이 쉬운 일은 아닌지라 하루 이틀 시간이 흐르다 보니, 본당 사무장이 집에 전화를 걸어 감사예물을 빨리 가져오라고 독촉했답니다. 한 번도 아니고 여러 차례 독촉 전화를 한 것은 물론이요 어른들이 없어서 아이들이 받으면 아이들에게까지도 성당에 돈을 빨리 가져오라고 부모님께 말씀드리라고 시켰답니다.

이 말을 전하던 그 신자는 다음과 같이 제게 항변하였습니다. "신부님, 감사예물은 말 그대로 은총을 받은 이가 하느님과 사제에게 고마움을 표시하기 위해 내는 것이 아닙니까? 따라서 액수는 물론이요 그것을 내든 안 내든 역시 본인에게 맡겨야 하는 것이 아닙니까? 이런 식으로 성사에 따라 내야 될 액수를 정해 놓고 그것을 성사받는 이 모두가 내야 하는 것으로 정한다면, 이게 무슨 감사예물입니까? 세금이나 마찬가지지요."

돈이 많이 들어 성당에 다니기 힘들다?

교회를 경제적으로 뒷받침하기 위해서 각 신자들이 능력껏 돈을 내는 것은 굳이 성서 말씀을 인용하지 않아도 대부분의 신자가 납득하고 있다고 봅니다. 또 교회 안에서 신자들을 위해 일하는 사제를 신자들이 경제적으로 도와야 한다는 것에 대해서도 대부분의 사람들이 의문을 품지 않을 것입니다. 이때문에 교회가 각 신자들에게 구약의 십일조에 해당되는 교무금을 배당하고, 미사 때 헌금을 거두며, 사제에게 성사나 준성사를 집전하여 주기를 청할 때 감사예물을 바치는 관행에 대해서 문제 제기를 하는 사람은 거의 없다고 봅니다.

사제에게 미사를 청하거나 성사 또는 준성사를 청할 때 신자들이 사제에게 감사예물을 드리는 것은 교회의 오랜 전통이 되어 왔습니다. 하지만 자신이 받은 은혜에 감사하는 의미에서 자원해서 바치는 감사예물을 강제적으로 거두는 것은, 마치 관광객의 편의를 위해 봉사해야 할 공원 관리인들이 오히려 자신들의 편의를 위해 관광객의 불편을 강요하는 것과 같은, 주객이 전도된 행위로 볼 수 있습니다. 또 감사예물을 강제적으로 거두는 것은 마치 교회가 성사의 은혜를 돈 받고 파는 것과 같은 인상을 주어서 신자가 아닌 사람들에게 자칫 오해를 불러일으킬 수 있다는 점도 명심해야 할 것입니다.

다른 한편 교회가 강제적 성격의 감사예물을 남발할 때 경제적으로 형편이 어려운 사람은 성당에 다니지 못하는 일도 생길 수 있을 것입니다. 이런 점에서 본다면, 세금과 같은 느낌을 주는 강제적인 감사예물의 부과는 가능한 한 피하는 것이 낫다고 봅니다.

감사예물은 말 그대로 신자 각자가 알아서 낼 때 그 본래 의미가 더 잘 살아나지 않을까요. 신자들의 입장에서는 강제적 성격의 감사예물을 거부하기가 쉽지는 않을 것이지만, 자신의 양심에 비추어 부당하다고 여겨지는 것은 거부할 권리가 있으며, 돈 때문에 성사 집행을 거부할 사제는 존재하지 않을 것이기에, 돈이 없어서 또는 감사예물을 내지 않았다고 해서 성사 또는 준성사를 받지 못할까 염려할 필요는 없습니다.

당신은 어느 파?

미사의 말씀 전례 때 성서를 읽기 위해 제대 앞으로 나간 독서자들 가운데 어떤 이들은 제대를 향해 인사를 드리고, 어떤 이들은 감실을 향해서, 또 다른 이들은 사제에게 인사를 드리는가 하면, 어디를 향해서 고개를 숙여 존경을 드러내야 하는지 몰라 은근슬쩍 그냥 독서대 앞으로 나아가는 사람도 있습니다.

성당의 중심이 어디이며, 우리는 어디를 향해서 존경의 뜻을 드러내야 하는가 하고 물으면, 사람들의 대답도 가지가지입니다. 제대가 중심이라고 하는 이도 있지만 어떤 이는 감실 안에 성체가 모셔져 있으므로 당연히 감실이 성당의 중심이라고 말하는 이도 있고, 미사를 드리는 중에는 제대가 중심이고 미사를 드리지 않을 때는 감실이 중심이라고 타협적인 자세를 보이는 사람도 있으니, 자연 우리 신자들이 어디를 향해 고개를 숙여야 할지 당황해할 수 밖에요.

이같은 혼란은 우리가 전례의 상징들이 가지고 있는 뜻을 제대로 이해하지 못한 데서 나온 것이라고 생각합니다. 따라서 우리는 무엇보다도 먼저 전례 가운데 사용되는 상징들의 뜻을 이해하도록 힘써야 할 것입니다.

성당이 무엇하는 곳입니까? 미사, 즉 성찬례를 거행하는 장소가 아닙니까? 그러면 우리는 어디에서 성찬 전례를 거행합니까? 당연히 제대 위에서 하게 되죠. 그리스도인애게 있어 성찬례는 가장 중요한 예식입니다. 예수님의 십자가 사건이 있었기에 우리 구원이 이루어졌고, 따라서 우리는 영원히 이 십자가 제사를 기념해야 합니다. 이 십자가 제사가 당신의 죽음 후에도 계속되도록 예수님은 십자가 사건이 일어나기 전날 저녁 최후 만찬을 거행하시면서 "너희는 이 예식을 행함으로써 나를 기념하라"고 당부하셨으니, 이것이 바로 성찬례, 곧 미사인 것입니다.

이같이 그리스도교의 가장 중요한 예식이 이루어지는 제대가 성당의 중심이 되는 것은 당연한 일입니다. 성당을 새로 지어 축성할 때도 제대 축성이 가장 큰 예절이 되는 까닭이 여기에 있으며, 성당이 파괴된 후에도 제대가 있었던 자리를 보존하는 유럽의 일부 교회의 관습도 이러한 사실을 말해 줍니다.

성찬례가 이루어지는 장소인 제대는 우리로 하여금 예수님의 십자가에서의 희생을 생각하게 만들 뿐만 아니라, 우리 또한 예수님처럼 자신을 희생하는 삶, 다른 이의 양식이 되기 위해 스스로를 내던지는 삶을 살아야 하며, 예수님이 하느님 나라의 선포에 온 생을 거쳤듯이 우리도 복음 선포에 우리 자신을 바쳐야 함을 상기시킵니다. 예수님의 제사로써 우리가 하느님과 화해하고 하느님 백성을 이루는 모든 이들과 일치하도록 요청받았음을 생각하면서, 하느님 뜻을 따르는 삶, 내 이웃과 하나되고자 노력하는 삶이 내 안에서 이루어지고 있는지 반성하는 계기가 바로 제대 앞에 서 있는 때라 할 것입니다.

미사를 드릴 때가 아니더라도, 우리 신앙 생활의 뿌리가 되는 십자가의 제사가 이루어지는 장소인 제대는 언제나 그리스도의 상징으로 남으며, 따라서 우리가 언제나 성당에 들어갈 때마다 제대를 향해서 인사하는 것이 당연한 일이 아니겠습니까?

이처럼 뜻깊은 장소인 제대가 전례뿐 아니라 우리 신앙

생활의 중심이 되는 것은 당연한 일이요, 따라서 우리가 성당에 들어설 때 어디를 향해서 인사를 드려야 할지 몰라 머뭇거릴 필요는 더 이상 없겠죠?

참된 미인은 화장하지 않아도 …

그리스도인의 삶과 예배에 있어 그 중심이 되는 것이 제대라고 앞서 말씀드렸습니다. 이처럼 제대가 중요하다면, 우리는 당연히 제대의 변화에 대해 어느 정도 간단하나마 알아야 할 것입니다. 우리가 어떤 사람을 사랑할 때, 그 사람의 지난날에 대해서도 관심을 가지게 되듯이 말입니다.

먼저, 이동식 나무제대(식탁)에서 돌제대(제단)로 변화된 것을 볼 수 있겠습니다. 그리스도 이후 300여 년간 가정에서 미사를 드렸고, 이때 제단으로 사용된 것은 나무로 만든 식탁 모양의 것이었습니다. 이때 강조된 것은 "주의 식탁", 즉 잔치로서의 미사의 측면이었고, 제사적 측면은 그다지 두드러지게 나타나지 않았습니다.

그러다가 초대 교회에 대한 박해가 끝난 후, 성당들이 세워지면서 여기에 걸맞은 제대가 필요했는데, 이로써 돌로 만든 고정된 제대가 교회의 관습으로 굳어지게 됩니다. 517년 프랑스의 에빠온(Epaon) 지방공의회에서는 나무제대의 사용을 금지하기까지 했으나 12세기까지는 나무제대가 사용되곤 하였습니다.

이것은 여러 이유가 있지만 주로 다음과 같은 이유 때문이었습니다. 즉, 모퉁잇돌이신 그리스도, 생명의 물이 솟아나오는 바위이신 그리스도를 드러내기에는 돌제단이 적합하였고, 이에 따라 제대에 대한 신도들의 공경심도 커졌기 때문에 항구적인 제대를 선호하게 되었던 것입니다.

8세기까지 제대의 모양은, 성작과 성반 그리고 미사에 필요한 책을 올려놓기에 충분한 정도의 넓이를 가진 정사각

형 모양의 아주 단순한 제대였습니다. 하지만 순교자 무덤 위에 성당을 세우고, 그 중심에 제대를 세우면서 순교자의 유해 또는 유품을 제대와 연관시키게 됨에 따라 그 형태가 다양해졌습니다. 제대에 성인의 유해 또는 유물을 모시는 관행은 1596년 교회법으로 확정되었으나, 지금은 성인의 유해와 상관없이 제대를 축성하여 사용합니다.

16세기까지 성체를 모시는 감실은 성당의 어느 곳이든 상관없이 자리를 잡았지만, 16세기 이후 제대 위 또는 제대와 가까운 곳에 감실을 모시게 되었습니다. 그리고 제대를 장식하기 위한 꽃, 초, 십자가를 위한 자리도 16세기 이후에나 등장합니다. 원래 초는 빛을 밝히기 위한 도구에 불과하였으며, 11세기 이후 제대 근처에 놓이면서 빛이신 그리스도를 상징하는 것으로 보게 된 것이고, 꽃은 16세기 이후에나 제대에 놓도록 허락되었습니다.

간략하게 제대의 발전사를 보았습니다. 처음엔 아주 단순한 형태의 제대가 시간이 흐르면서 여러 요소들이 제대에 첨가되었고, 이로 인하여 제대의 본래 모습이 많이 흐려지게 되면서 많은 사람들이 제대에 대해 잘못된 생각을 가지게 된 것이 사실입니다.

제대는 무엇보다도 그리스도의 상징입니다. 돌로 만든 제대는 모퉁잇돌이신 그리스도, 생명의 물이 흘러나오는 바위이신 그리스도를 상징합니다. 따라서 제대가 그리스도의 무덤을 상징한다거나, 그리스도의 수난을 드러낸다고 말한다면 이는 잘못된 것입니다.

제대는 하느님과 인간이 만나는 장소, 성찬례를 거행함으로써 그리스도를 통하여 하느님과 인간이 맺은 구원의 계약을 갱신하는 장소인 것입니다. 다시 말해서 그리스도께서 교회를 통하여 하느님께 올리는 제사를 드리는 곳이 바로 제대입니다. 한편 제대는 주님의 최후 만찬, 하늘 나라의 잔치가 벌어지는 식탁이기도 합니다. 성찬례를 거행하면서 그리스도의 몸과 피를 받아 먹고 마시는 우리를 하나로 만들어 미리 천상 잔치를 맛보게 만드는 장소입니다. 이처럼 제대는 그리스도의 제사가 올려지는 곳, 그리스도와 함께 온 신도가 같이 친교의 식사를 나누는 곳입니다.

이처럼 제대는 중요한 것입니다. 그런데도 우리는 제대에 걸린 그림이나 조각, 그 위에 놓인 초나 제대 주위를 장식한 꽃을 보고 감탄하고, 제대 자체보다 감실이나 제대의 초나 꽃 등 여러 장식들에 더 주의를 기울이는 때가 많습니다. 사실 그런 요소들은 제대로부터 우리 마음을 멀리하게 하는 것으로서 중세 말에나 제대 근처에 등장했던 것들입니다.

참된 미인은 화장하지 않아도, 화려한 옷의 도움을 받지 않고도 드러납니다. 제대가 여러 복잡다단한 요소들로 뒤덮인다면 우리가 과연 제대에 관심을 집중할 수 있을까요?

제대를 이런 요소들로부터 해방시켜 우리가 다시 제대에만 관심을 기울이면서 그리스도의 삶을 본받아야 하지 않겠습니까?

성당의 중심은 감실?(1)

 신부님께서는 이전에 제대에 대한 중요성을 이야기하시면서 성당의 중심은 제대이므로 성당 안에 들어설 때 제대를 향해 인사하는 것이 옳다는 뜻의 글을 쓰신 것으로 알고 있습니다. 그러나 실제 많은 본당에서는 제대가 아닌 감실을 향해 인사를 하고 있습니다. 무엇이 옳은지 알기 위해 본당신부님께 여쭈었더니, 전례 중에는 제대가 중심이 되는 것이지만 전례를 드리지 않을 때에는 감실이 중심이 된다는 요지의 말씀을 하셨습니다. 성당의 중심이 때에 따라 변한다는 말이 어쩐지 수긍이 가지 않습니다. 이에 대한 신부님의 의견을 듣고 싶습니다.

제대와 감실의 싸움?

 아시다시피 우리나라 성당들 구조는 대부분 비슷합니다. 즉, 감실이 제대 뒤 성당 벽 중앙에 놓여 있거나 아니면 제대 왼쪽이나 오른쪽에 자리잡고 있습니다. 언젠가 한 본당 수녀님으로부터 들은 이야기입니다. 이 수녀님이 계신 성당은 감실이 제대 바로 뒤 성당 벽에 놓여 있다고 합니다. 어느 날 제의방에서 나와 제대와 감실 사이를 지나가게 되었답니다. 그래서 습관적으로 제대에 등돌린 채 감실에 인사하려다 보니 갑자기 "성당의 중심은 제대이다"라고 교육받았던 생각이 나더랍니다. 그래서 다시 몸을 돌려 감실을 뒤로 한 채 제대를 향해 인사를 하고 그냥 지나치려는데 왠지 감실 안에 모셔진 예수님께 죄스런 마음이 들어 다시 몸을 돌려 감실을 향해서 인사를 하고서야 그 사이를 빠져 나왔다고 합니다. 마침 본당신부님이 성당 안에 들어오셨다가 그 광경을 보시고는 수녀님을 불러 그 까닭을 묻기에 사실대로 이야기하니 그 본당신부님 왈, "수녀님, 전례중에는 물론 제대가 중심이 되겠지요. 하지만 지금은 아무 전례도 거행되지 않으니까 당연히 예수님이 계신 감실이 중심이 아니겠어요?"하시더랍니다.

신학원에서 저한테 "성당의 중심은 제대이다"라고 단단히 교육받은 그 수녀님, 본당신부님 말씀을 거역하기도 쉽지 않은 일, 그래서 그 다음부터 감실과 제대 사이의 지름길을 포기하고 제대 앞으로 지나가기로 결심하셨답니다. 제대 바로 뒤에 감실이 있으니, 제대에다 절한 것인지 아니면 감실에다 절한 것인지 본당신부님은 알 수 없을 것이요, 또 한 번으로 제대와 감실 모두에 인사한 격이니 일석이조가 아니냐며 웃으시던 그 수녀님이 생각납니다.

제대와 감실이 사람들의 관심을 끌기 위해서 서로 다투고 있는 것은 분명 아닐진대, 오늘날 각 성당에서는 신자들이 제대와 감실 사이에서 우왕좌왕하는 일을 자주 볼 수 있음은 무슨 까닭일까요?

감실에 관한 간단한 역사

제대와 감실 사이에 이러한 쓸데없는 오해가 생겨난 까닭을 알려면 먼저 감실이 성당을 어떻게 점령(?)해 왔는지 그 역사를 살펴보아야 합니다.

교회가 생겨난 아주 이른 때부터 미사중에 축성한 빵을 보존하는 관습이 존재했습니다. 신앙 때문에 감옥에 갇힌 이들이나 병에 걸려 미사에 참석하지 못한 이들에게 성체를 영해 주기 위해서였습니다. 물론 이때는 지금처럼 성당이 있던 것은 아니고 예배드리기에 적당한 가정집에서 미사를 거행하였기 때문에 성당 안에 성체를 보존하는 장소란 애당초 존재하지 않았습니다. 따라서 사제의 집에 성체를 보관했을 것이라는 추측을 해볼 수 있습니다. 세월이 흘러 종교 자유를 누리게 됨에 따라 성당이 건축되었으나 성체를 보관하는 장소는 여전히 성당 안에서 찾아볼 수 없었습니다. 7~8세기의 문헌에는 성체가 제의방에 보관되어 있음이 나타납니다. 미사중에 축성한 빵을 쉽게 보존하고 미사 밖에서 사용될 성체를 보관하기 위해서 아마도 제의방이 가장 적합한 장소였던가 봅니다.

그러나 중세에 접어들면서 신자들의 신심에 이상한 현상이 발생하기 시작하였습니다. 그것은 일종의 "천사주의" 또는 "윤리적 엄격주의"라 불릴 수 있는 것으로서, 우리는 어쩔 수 없이 죄인일 수밖에 없고 따라서 죄인의 몸으로 어찌 성체를 모시겠는가 하는 생각이 널리 퍼져서 미사중에 영성체를 안하기 시작했던 것입니다. 그 당시 미사는 라틴어로 드려졌습니다. 따라서 신자들은 이해하지 못하는 언어로 드려지는 미사에 적극적으로 참여하는 것이 사실상 불가능했습니다. 그러니 성찬례 자체보다는 대중 신심에 더 마음이 끌리는 것은 당연한 일이었습니다. 또한 미사중에 축성된 빵은 예수님의 몸이라는 믿음이 더욱 구체화되면서, 성체 안에 예수님이 현존해 계시다는, 성체는 그 자체로 예수님의 몸이라는 믿음이 신자들의 마음을 잡아당겼습니다. 따라서 신자들은 영성체는 하지 않고 대신 성체를 "바라보는" 영광을 갖고자 열망했습니다. 이러한 신자들의 열망은 결국 성찬 전례 때 사제가 빵과 포도주의 축성 후 신자들이 볼 수 있게 받들어 올리는 예식을 만들어 냈습니다. 또한 예수님이신 성체를 성당의 가장 고귀한 자리에 모시고 싶어하여 그때까지 성당의 중심 자리에 놓여 있던 제대 위에 감실을 만들게 되었던 것입니다.

이렇게 감실은 신자들의 열망에 부응하여 제대를 물리치고 성당의 중앙 자리를 차지하기에 이르렀습니다. 감실에는 화려한 장식이 따름은 물론, 예수님이 계심을 알리기 위해 언제나 빨간 등을 켜두는 관행도 나오게 되었습니다.

무엇이 문제인가?

성당은 하나의 건축물이긴 하지만, 그 구조나 장식은 언제나 그 시대의 신학과 신심을 드러냅니다. 예를 들어 고딕식 건축 양식은 전적으로 하느님께로 눈길을 돌리고 그분만을 중심으로 삼았던 중세에 꽃핀 양식입니다. 화려한 장식이 주를 이루는 로코코, 바로크 양식의 성당은, 신앙 생활이 내적으로보다는 외양적인 데로 흐른 중세 후기에 발달되었습니다. 따라서 우리는 현재 우리나라에 존재하는 성당들을 살펴봄으로써 우리 신앙의 자리를 어느 정도나마 알아볼 수 있다고 생각합니다.

제2차 바티칸 공의회 이전에 지어진 성당은 과장된 성체 신심으로 인해 감실이 성당의 주인공인 양 배치되고 장식되었으며, 대부분 제대 위나 제대 바로 뒤 성당 중앙 벽에 자리잡았습니다. 영성체하기보다는 성체공경을 더 좋아하던, 신앙 생활의 실천보다는 미사의 의무를 더 강조하던, 말씀에 따라 사는 삶보다는 정적인 성체조배를 더 강조하던 당시의 신앙인의 모습이 이렇듯 감실이 주가 되는 성당 구조를 만들어 내었던 것입니다.

제2차 바티칸 공의회는 이러한 잘못된 신심을 일소하고 말씀이 주가 되는 신앙, 성찬례를 중심으로 하는 신앙 생활, 행동하는 신앙을 강조하면서 전례도 이에 맞추어 개혁되어야 함을 강조하였습니다. 그럼에도 불구하고 공의회 이후에 지은 소위 현대식 성당은 외양이나 내부 장식에서 변화가 있을 뿐, 여전히 감실이 주가 되는 옛 구조를 그대로 받아들여 공의회 이전의 왜곡된 신심을 그대로 반영하고 있습니다. 성당 구조가 이러하니 신자들은 여전히 성찬례 자체보다는 감실 안에 모셔진 성체를 공경하는 데 더 신경을 쓰고 있습니다. 성당 안에 들어섰을 때 제일 먼저 눈에 띄는 것이 감실과 그 옆에 켜둔 감실등이니, 자연히 거기에 신경을 쓰게 되어 있습니다. 사정이 이러할진대 아무리 말로는 말씀이 우리의 중심이다, 성찬례가 우리 신앙의 원천이다 해보았자 정작 신자들의 마음에 와닿는 것은 감실과 그 안에 모셔진 성체입니다.

말씀에 대한 관심이 늘었다고는 하나 우리 신자들의 성서에 대한 관심은 어떠합니까? 미사에 참석하는 것은 단지 주일 의무를 채우기 위해서가 아닙니까? 화려한 장식으로 이루어진 감실에 비해 말씀이 선포되는 독서대는 사정이 어떠합니까? 감실 안에 책이나 잡동사니를 넣어둔다면 펄쩍 뛸 우리들이 독서대는 어떤 식으로 관리하고 있습니까? 심지어 제대마저도 소홀히 취급하고 있지는 않습니까?

성당의 중심은 감실?(2)

우리가 미사(성찬례)를 지내는 까닭은?

그리스도께서 성찬례를 제정하신 것은, 제자들이 성찬례를 거행할 때마다 당신을 기념하는 가운데 죽기까지 하느님께 순종한 당신의 모습을 본받도록 하기 위해서였습니다. 이런 점에서 성찬례의 핵심은 빵과 포도주가 그리스도의 몸과 피로 변하는 성변화(聖變化)에 있는 것이 아니라 성체와 성혈로 드러나는 당신의 수난과 죽음의 의미, 즉 파스카 신비에 있다 하겠습니다. 따라서 성찬례를 지내는 우리는 성체와 성혈을 받아 모실 때마다 그분의 말씀과 행동을 묵상하고, 죽음에 이르기까지 하느님의 뜻을 따르는 철저한 순종의 삶을 살고자 결심하게 됩니다. 바로 이것이 우리 신앙의 중심인 성찬례(미사)의 본뜻이라 하겠습니다.

제대 : 성찬례가 이루어지는 곳

우리 신앙의 중심을 이루면서 모든 그리스도교 생활의 원천이 되는 성찬례를 거행하기 위해서 신자들은 한 장소에 모였습니다. 박해 시대에는 신자 가정집에 모였고 종교 자유를 얻고 나서는 교인들 모임을 위한 건물들을 짓기 시작했습니다. 그것이 곧 성당입니다. 성당은 전적으로 예수님을 기리는 성찬례를 거행하기 위한 공간이었기에 당연히 제대가 중심 역할을 하게 되었습니다. 제대 위에서 성찬전례가 거행되기 때문입니다.

이렇듯 제대가 차지하는 자리가 각별하였기에 교회는 예로부터 제대에 특별한 존경심을 드러내 왔습니다. 처음에는 나무로 만든 식탁과 같은 형태였으나 점차 돌로 만들어 그 품위를 높이고자 하였습니다. 어떤 사정으로 돌 대신 나무로 만들 경우에도 축성한, 십자가가 다섯 개 새겨진

돌판을 나무 제대 위 홈에 안치할 정도로 제대는 아주 조심스럽게 다루어져 왔습니다. 물론 지금은 이런 식으로 제대를 만들지는 않지만 제대에 대한 각별한 존경의 마음은 여전히 남아 있습니다.

한때 중세에는 제대가 예수님의 무덤을 상징한다고 해석하기도 했지만 일반적으로 제대는 예수님의 최후 만찬을 거행하는 식탁이자 예수님의 희생 제사가 거행되는 제단으로 여겨져 왔습니다. 바로 이 제대 위에서 그리스도교 신앙의 정점이자 원천인 성찬례가 거행되기에 교회는 제대에서 예수님의 모습을 보았고, 이로써 제대는 예수님께 대한 추억을 되살리는 하나의 상징물, 파스카 신비를 연상시키는 기념물로 인식된 것입니다. 그래서 성당을 축성하는 예식 때 가장 중심을 이루는 것은 제대 축성이고, 성당이 허물어진 후 그 자리를 보존할 때도 유독 제대가 있던 자리를 신경써서 보존하는 것입니다.

성당이 성찬례를 거행하기 위해 지어진 건물이요, 또 그 성찬례가 이루어지는 곳이 제대인 까닭에 성당의 중심은 언제나 제대임을 알 수 있습니다.

감실과 제대의 관계

감실은 성체를 모셔두는 자리입니다. 성체를 따로 모시는 까닭은 병자를 위해서, 어떤 사정으로 인해 미사에 참여하지를 못하는 신자에게 또는 성체를 영해 주기 위해서입니다. 나아가 미사 때 신자들을 위해 충분한 제병을 준비하지 못한 경우를 대비하여, 또한 미사 때 남은 성체를 보관하기 위하여서도 감실은 이용됩니다. 물론 중세 이후 내려온 관습에 따라 성체 안에 계신 예수님을 흠숭하기 위한 목적도 있습니다.

"미사성제로서의 성체성사야말로 미사 없이 성체께 바쳐지는 경신례의 원천이요 목적이다."「성체공경 훈령」3항과 「미사 없는 영성체와 성체신심 예식서」2항에 나오는 이 선언은, 성찬례로 대표되는 제대와 성체신심으로 대표되는 감실과의 관계를 단적으로 드러내주고 있습니다. 즉, 감실은 그 자체로 가치가 있는 것이 아니라 제대 위에서 거행되는 성찬례와 그로써 드러내고자 하는 파스카 신비를 신자들에게 상기시키는 데 그 본래의 목적이 있는 것입니다. 이 말을 달리하면, 제대와 연계되지 않은 감실, 성찬례와 상관없는 감실이란 존재하지 않는다는 말이 됩니다. 감실이 신자들의 눈을 제대로부터 멀어지게 만든다면 그것은 감실의 본래 존재 목적에도 어긋나는 것이 아니겠습니까?

성당 안에서 감실의 위치는?

다시 교도권의 가르침을 들어봅시다.

> "신자들이 사사로이 성체께 조배를 드리며 기도를 바치기에 알맞은 경당에 성체 모시는 자리가 마련되는 것이 매우 바람직하다. 그렇게 할 수 없는 경우에는 각 성당의 구조와 지역 풍습을 감안해서 성체는 제단에 모시든지 혹 성당의 뛰어난 자리에 적절한 장식을 갖추어 모신다"(미사경본의 총지침 276, 1969년).

> "성체를 모셔두는 장소는 참으로 드러나는 곳이라야 한다. 동시에 개인적 흠숭과 기도에 적합한 장소로서 신자들이 자주, 쉽게, 효과 풍부하게 성체성사에 현존하시는 주님을 개인적 경신례로 공경할 수 있는 장소를 택하는 것이 바람직하다. 이런 목적을 쉽게 달성하려면 성당 중앙 자리를 비켜서 소성당을 마련하면 좋겠다"(미사 없는 영성체와 성체신심 예식서 9, 1973년).

교회 안에는 다양한 사람들이 모여 있습니다. 개혁을 열망하는 사람들도 있고 과거의 전통에 매달리는 "수구적 전통주의자"도 존재합니다. 이때문에 제2차 바티칸 공의회의 「전례헌장」에 따라 개혁된 전례서들 안에도 개혁주의자와 전통주의자들 사이의 갈등과 타협이 나타나 있습니다. 이러한 점을 감안하면서 위의 두 문헌의 선언 내용을 살펴보아야 할 것입니다.

중세 이래의 전통은 예수님의 현존인 성체가 모셔진 곳이라 해서 감실을 특별한 자리를 마련하여 왔습니다. 이때문에 이미 앞에서 말한 바대로 감실은 제대를 밀어내고 성당의 주인공인 양 인식되기까지 하였던 것입니다. 이러한 사조가 대부분의 성직자·수도자들을 위시하여 신자들의 마음 안에 여전히 자리잡고 있는 이때, 위의 교도권의 가르침은 대단히 용기있는 선언이라 할 것입니다.

가능하면 성당 안이 아니라 따로 경당을 만들어 거기에 감실을 안치하라고 권고합니다. 파스카 신비의 장소인 제대는 감정보다는 이성에 호소하는 데 반해 감실은 예수님의 현존이라는 감상적 정서에 호소하므로 신자들의 시선을 더 끌게 되어 있습니다. 따라서 성당 안에 감실이 있을 때 신자들의 마음은 제대를 향하지 않습니다. 공간 확보가 어렵다거나 어떤 특별한 사정으로 경당을 마련할 수 없을 때 차선책으로 성당 안의 뛰어난 자리에 모시라고 교도권은 말하고 있습니다. "뛰어난 자리"가 성당의 중앙 위치, 즉 제대의 존엄성을 해치는 자리가 아님은 분명합니다. 제대의 존엄성을 확보하기 위해 성체를 모실 경당을 따로 마련하라고 요청하던 교도권이, 제대의 위치를 위협(?)할 만한 중요한 자리에 감실을 배치하도록 할 리는 없지 않습니까? 따라서 여기서 말하는 "뛰어난 자리"란 성당의 제대를 방해하지 않으면서도 성체의 존엄성을 확보할 수 있는 조용하면서 기도 분위기를 돋울 수 있는 자리, 성당의 한 모퉁이 자리와 같은 곳이라고 해석해야 할 것입니다. 위의 문헌에서 제대 위에 성체를 모시라는 권고는 중세 이래 내려온 관습을 인정한 것으로서, 전통주의자들과의 타협이 드러나는 장면이라 하겠습니다.

로마에 있는 4대(大) 성당(성 베드로, 성 바울로, 라떼란, 성모 대성당)을 위시한 대부분의 전통적 양식의 성당에 들어가 보면 제대 외에 더 중요하다고 여겨지는 것은 보이지 않습니다. 물론 빨간 감실등은 눈에 띄지도 않지요. 성당 한쪽 구석에 소경당을 만들어 거기에 성체를 안치하였기 때문입니다. 이러한 로마 성당들의 구조가 우리에게 무엇을 말하고 있는지는 분명하지 않습니까?

전례를 거행하지 않을 때는 감실이 중심이다?

전례의 중심이 제대인 것은 인정하면서도 전례를 하지 않을 때는 감실이 성당의 중심이라고 주장하는 사람들이 있습니다. 감실 안에 예수님의 몸인 성체가 모셔져 있기 때문이라는 것이 그들의 논리입니다. 하지만 이러한 주장 역시, 성당이 무엇을 위한 공간인지, 왜 교도권이 감실을 가능한 한 경당에 따로 모시라고 권고하는지 생각한다면 별로 근거가 없는 것임을 알 수 있습니다. 감실 앞에 앉는 것은 파스카 신비를 묵상하기 위함인데, 제대는 바로 그러한 파스카 신비의 상징 자체가 아닙니까? 그렇다면 제대가 언제나 우리 신앙의 중심 자리에 있어야 하지 않겠습니까? 물론 감실 자체를 무시하라는 것은 아닙니다. 감실 안에 모셔진 성체를 통해 우리는 여전히 파스카 신비를 묵상하기 때문입니다. 다만 감실 때문에 제대의 중요성이 감소되어서는 안된다는 뜻에서 감실의 위치를 현명하게 배치하여야 하는 것입니다.

성당 건축의 책임자들에게 드리는 제언

성당은 단순한 건물이 아니라 우리의 신앙과 신학을 표현하는 도구이기도 합니다. 따라서 성당을 건축하는 데 있어 책임을 지고 있는 사람들은 성당의 구조가 신자들의 신앙을 올바로 이끌 수 있도록 잘 준비하여야 합니다. 무엇보다도 성찬 전례가 이루어지는 제대와 말씀이 선포되는 독서대의 중요성이 부각되도록 해야 합니다. 이를 위해서는 먼저 감실을 성찬례가 이루어지는 공간에 배치할 것이 아니라 신자들이 제대와 감실 사이에서 혼동을 겪지 않도록 감실을 위한 공간을 따로 마련하는 것이 바람직합니다. 감실이 있는 경당을 제대 근처에 마련하여 사제가 쉽게 감실 경당에 접근할 수 있도록 배려한다면 미사중 성체를 가지러 가거나 남은 성체를 다시 갖다놓을 때 불편을 겪지 않을 것입니다. 물론 신자들은 성당 안의 넓은 공간보다는 아늑한 분위기의 경당에서 더 쉽게 성체조배를 할 수 있을 것입니다.

 성당을 지을 때 감실을 위한 경당을 마련하지 못할 이유는 별로 없을 것입니다. 상당수의 회의실과 각종 목적의 공간들을 확보하는 데 쓰는 신경의 약간만 감실 경당의 마련에 기울인다면, 우리의 신앙 생활은 좀더 균형잡힌 것이 되지 않을까요?

하느님께서 말씀하시는 곳

 몇 년 전 서울에 있는 어느 본당에서 새 독서대를 구입하였습니다. 그 독서대는 무늬목으로 만들어졌는데, 독서대 앞면에 있는 무늬가 마치 예수님의 얼굴처럼 보인다 하여 수많은 신자들이 그 성당에 순례(?)를 갔다고 합니다. 신자들의 미신적 믿음을 염려한 교구청에서 그 독서대를 교구청으로 갖다 놓음으로써 소동이 가라앉았다고 합니다. 우리는 이 사건에서 무엇을 배울 수 있을까요?

 신자라면 누구나 하느님을 직접 뵙고 싶어할 것입니다. 그런데 그것이 우리 뜻대로 되는 것이 아닌지라 사람들은 기적이나 이상한 표징을 통하여 하느님을 만나고자 합니다. 그래서 병을 고치는 능력을 가졌다는 사람에게로, 신기한 현상이 일어난 곳으로 사람들은 몰려다닙니다.
"보지 않고도 믿는 이들은 복됩니다!"(요한 20,29)라고 하신 예수님의 말씀은 들은체 만체하고, 굳이 이상한 현상을 통하지 않고서도 하느님을 만날 수 있음을, 아니 우리는 매일 주님을 뵐 수 있고 주님의 말씀을 들을 수 있다는 사실을 알고 계신지요?

 우리 믿음을 다시 한번 생각합시다. 우리는 미사를 드리는 가운데 빵과 포도주가 그리스도의 몸과 피로 변한다는 것을 알고 있습니다. 또 감실 안에 모신 성체 안에 그리스도께서 현존해 계심을 믿어 고백합니다. 그래서 우리는 제대와 감실에 경의를 드립니다(제대에 경의를 드리는 까닭이 이때문만은 아니지만). 또 성체와 성혈을 담는 그릇을 정성들여 다룹니다.
 우리는 하느님이신 말씀이 사람이 되시어 우리 가운데 계시다는 것을 전하는 요한 복음을 잘 알고 있습니다. 또 성서는 바로 하느님의 말씀이라는 것도 믿어 의심치 않습니다. 또한 하느님의 이름으로 모인 곳에 바로 하느님께서 함께 계실 것이라고 예수님께서 약속하셨다는 것을 우리는 잘 알고 있습니다. 그렇다면 하느님의 이름으로 모인 성당 안에서, 하느님의 말씀을 낭독하는 그 순간, 하느님이 우리 가운데 현존하실 뿐 아니라 바로 하느님 자신이 우리에게 말씀하고 계시다는 사실을 왜 우리는 자주 잊고 있을까요?

성체를 받아 모실 때 우리는 행여 성체 조각이라도 땅에 떨어질까 조심하면서 경건하게 성체를 입 안에 모십니다. 그러면서도 왜 우리는 하느님 말씀은 한 귀로 듣고 흘려 버리는지요? 성체를 모시는 감실은 화려하게 장식하고, 빨간 등으로 다른 것과 구별지으면서도 왜 하느님 말씀을 선포하는 독서대는 버림을 받습니까? 감실 안에 종이 나부랭이나 남에게 보이면 지저분해 보이는 것을 넣어 둔다면 얼굴을 붉힐 우리들이, 왜 독서대 안과 위에 너저분한 것들을 놔두고도 눈썹 하나 까딱하지 않을까요? 성체를 담는 그릇(성합)은 정성들여 닦고 주의깊게 다루면서도 하느님의 말씀이 담긴 성서, 특히 전례 때 사용되는 성서는 어떤 식으로 다루고 있습니까? 성서나 독서책을 사용하면 그래도 나을 텐데, 우리는 한번 쓰고 버리는 『매일미사』책을 사용하면서도 과연 말씀을 존중하는 마음이 우러나오기를 기대할 수 있을까요?

말씀에 대한 우리의 자세는 어떻습니까?

오, 아름다운 성전이여!

지난 60년, 70년대, 먹는 문제 해결조차 어렵던 그 시기에는 성당 하나 짓는 것은 큰 일이 아닐 수 없었습니다. 엉성한 슬레이트 지붕에 시멘트 벽돌 건물, 앉기에 불편함이 있다 하더라도 미사를 드리기에 불편함이 없다면 만족해하던 시절이었습니다. 베니어판으로 만든 조잡한 제대라도 거기에 최대의 경의를 표하면서 꽃 몇 송이를 정성껏 준비하곤 하였습니다.

80년대 들어서면서 먹고 사는 문제가 어느 정도 해결되자 이때부터 신자들은 좀더 나은 성전을 갖고자 열망하게 되었으며, 이로써 대형 성전들이 곳곳에 들어서게 되었습니다. 처음에는 많은 신자들이 함께 미사를 드릴 수 있게끔 하는 것이 목표였는지라 성전의 크기에 많은 관심을 기울였지만, 점차 성전의 예술적 측면도 고려하게 된 것이 요즘 몇 년 안에 일어난 변화라 할 수 있을 것입니다.

지붕은 구리로, 창문은 아름다운 스테인드 글라스로, 바닥은 대리석으로, 감실은 한껏 예술적 멋을 다 부려 장식된 것을 보면서, "아, 참 아름다운 성전이구나" 하는 감탄사를 연발하게 됩니다. 제대도 이제 단순히 성체성사를 거행하는 장소로서가 아니라 하나의 예술품으로 대리석이나 화강암 또는 고급 목재로 만들어졌고, 제대에 덧붙여진 조각이나 그림들이 우리의 눈길을 끕니다.

이미 갖추어진 이러한 것들에 덧붙여 주일이면 제대 전체가 꽃꽂이 경연장(?)으로 변한 모습도 심심치 않게 볼 수 있는 것이 오늘 우리 교회의 모습입니다.

성전은 주님이 계신 곳이요, 또 하느님께 예배를 드리는 곳이니 우리가 사는 집보다 더 잘 꾸미는 것은 너무나 당연한 일이 아닌가 하는 생각이 들면서도, 어딘가 모르게 석연치 않은 감정이 마음 한구석에서 일어납니다. "이것이 과연 바람직한 일인가?" 하는 생각이 듭니다.

너무나 당연한 이야기이지만, 성당은 하느님 백성들이 모여 예배를 드리는 장소입니다. 따라서 미사의 두 기둥 - 말씀 전례와 성찬 전례 - 이 잘 드러날 수 있도록 꾸며져야 합니다. 하느님께 마음을 모을 수 있는 분위기가 무엇보다도 중요합니다. 현란한 성당 장식은 자칫 신자들의 마음을 산란하게 할 뿐입니다. 성찬 전례의 중심이며 언제나 우리 마음을 모으는 구심점 역할을 하는 제대에 지나친 꽃 장식이나 의미없는 조각이나 그림은 우리의 시선을 예수님의 십자가 제사로부터 멀어지게 하는 장애물이 될 수 있습니다.

지금까지는 단지 성당의 기능적인 측면만을 이야기했지만, 영적인 측면도 생각하지 않을 수 없을 것입니다. 성당 장식이 화려해진 시기가 교회 신앙의 타락 시기와 맞물린다는 교회사의 평가는 단지 소수의 의견일 뿐인지요.
오순절 성령강림을 체험한 사도들이 구원의 "기쁜 소식"을 선포한 교회의 첫출발은 화려한 건물이 아니라 하느님의 메시지를 받아들인 순박한 "마음밭"이었음을 다시 한번 상기하고 싶습니다.

마음이 빈 사람들, 무엇인가 허전한 사람들이 자꾸 외적으로 드러나는 것에 집착한다는 이야기가 있습니다. 성전이 화려해짐에도 불구하고 우리 신앙은 더 순수하게 자란다면 얼마나 아름다운 일일까요?

빛 좋은 개살구?

제가 다니는 성당은 지은 지 얼마 안되는 신설 본당입니다. 성당이 완공된 지 얼마 안되어 본당신부님이 다른 본당으로 옮겨가심에 따라 우리는 새 본당신부님을 맞게 되었습니다. 오신 지 얼마 안되었지만 신부님은 매우 의욕적으로 일하시는 모습을 우리 신자들에게 보여주셨습니다. 그런데 의욕이 지나쳐서인지 신부님은 지은 지 얼마 안되는 본당 내부를 마구 뜯어고치기 시작하였습니다. 우리 신자들에게 내세우는 이유는, 성당 구조가 기도하는 집으로서의 품위를 제대로 갖추지 못했기 때문이라는 것이었습니다. 아무리 그러하다 해도 전임 신부님이 수천만 원의 돈을 들여 만든 제대 뒷면의 장식까지 다 부수고 수천만 원의 돈을 들여 다른 장식을 하는 것을 보고는 지나치다는 생각이 들었습니다. 성당이 기도하는 집으로서의 품위를 지녀야 한다는 것에 반대할 사람은 아무도 없겠지만, 소박한 성당이라 해서 기도하는 데 지장은 없다고 봅니다. 과연 성당 장식은 어느 정도가 되어야 적당하다고 할 수 있는지요.

지나침

일부 도시 성당의 신부님들이 농촌을 돕기 위해 직거래장을 열고 있다는 것은 참 바람직한 일이라고 생각합니다. 보통 이런 직거래장은 농약과 화학비료로 신음하는 농촌을 건강한 농촌으로 되살리고자 유기농법으로 재배된 농산물만을 다루고 있습니다. 농민의 입장에서 볼 때 건강한 먹거리를 생산하는 데 드는 품을 시중보다 얼마간 더 값을 쳐주는 직거래장에서 보상받을 수 있어 좋습니다. 소비자의 입장에서도 일반 시장에서보다는 조금 더 비싼 값을 치러야 하지만 안심하고 먹을 수 있기에 결국은 이익을 보게 됩니다.

하지만 여기에도 문제가 있습니다. 화학비료와 농약을 쓰지 않는 유기농업은 사람의 손을 훨씬 더 요구하게 되어 있습니다. 따라서 유기농산물 자체는 농민의 땀과 피를 더 많이 요구하게 되어 있으며, 이런 점에서 소비자는 유기농산물이라는 사실 하나만으로도 만족해야 한다고 생각합니다.

그런데 실상은 그렇지 않습니다. 일부 소비자들은 일반 농산물보다 더 비싸게 사는 만큼 유기농산물 먹거리가 겉보기에도 깨끗할 것을 요구합니다. 고추나 오이는 똑바르고 잘생겨야 하고, 콩은 잡티 하나 섞이지 않은 깨끗한 상태여야 한다고 생각합니다. 포장도 잘해야 합니다. 이러니 무공해 농산물을 생산하는 데만 전념해야 할 유기농업 농부들은 어떤 면에서 그다지 중요하지 않은 일에 매달려야 합니다. 그래서 유기농업이 땅을 살리고 자연을 살리고 사람을 살리는 중요한 일임에도 불구하고 유기농업을 포기하는 사람들도 생겨납니다. 무공해 농산물이라는 사실 하나로 만족해야 할 소비자들의 또 다른 과도한 요구가 유기농업의 발전을 저해하는 한 요인이 되고 있는 것입니다.

모자람
우리나라에는 절이 일종의 관광 명소로 되어 있듯이 이탈리아에는 관광객의 발걸음을 부르는 많은 성당이 있습니다. 그런데 이런 성당들의 입구에는 경비원이 서서 관광객들의 옷차림을 조사하는 경우가 있습니다. 지나치게 노출이 심한 옷을 입은 사람들을 들여보내지 않기 위해서입니다. 성당이 단순한 관광지가 아니기 때문입니다. 이런 사정을 이해하는 사람들은 성당 입구에서 옷을 바꾸어 입기도 합니다. 그런데 일부 사람들은, 옷차림은 각자의 자유에 해당하는 것인데 왜 간섭하는 것이냐고 항의하기도 합니다. 하지만 이러한 항의는, 자신만을 생각한 나머지 성당의 존재

이유를 생각하지 않는 짧은 생각에서 나온 것이라 하겠습니다. 성당은 관광지이기 이전에 하느님을 경배하는 장소임을 인정한다면, 성당에 들어설 때의 옷차림과 행동이 경망스러워서는 안될 것입니다.

성당은 무엇하는 곳인가?

성당이 무엇하는 곳인가 하고 묻는다는 것 자체가 우스운 일임이 틀림없을 것입니다. 그럼에도 저는 신자들에게 이 질문을 가끔 던집니다. 이 질문에 답하는 순간 우리는 자신이 왜 성당에 나오며, 성당의 존재 이유가 무엇인가를 다시 한번 확인하게 되기 때문입니다.

두말할 것도 없이 성당은 하느님을 경배하는 곳입니다. 특히 그리스도의 수난과 죽음, 부활의 신비로 이루어진 파스카 신비를 상징적으로 드러내주는 예수님의 최후 만찬에서 기원한 미사를 드림으로써 하느님 말씀을 듣고 그분을 찬양하며 우리 또한 그리스도처럼 살기를 다짐하는 자리가 바로 성당입니다.

성당을 성당답게

성당의 구조는 기본적으로 성당의 본래 목적에 맞게 파스카 신비를 거행하는 데 알맞도록 설계되는 것이 원칙입니다. 이 목적을 달성하는 데 있어 시대와 지역에 따라 차이가 있을 수는 있습니다. 이때문에 지역과 시대에 따라 서로 다른 구조와 장식들로 이루어진 성당들이 존재하게 되었습니다. 물론 어떤 양식의 성당이 파스카 신비를 드러내는 데 더 적합한지는 계속 토론의 대상이 될 것입니다.

성당의 장식과 구조가 파스카 신비의 거행에 적합해야 한다는 대원칙만 지킨다면 어떤 구조, 어떤 장식도 다 받아들여질 수 있다고 봅니다. 다른 한편, 아무리 예술적으로 뛰어난 것이라 하더라도 성당의 목적에 합당하지 않은 것은 받아들여질 수 없습니다. 물론 무엇이 목적에 합당한지 아닌지를 가리는 문제는 여전히 남아 있습니다.

 제대와 독서대가 성당의 중심으로 드러나는 데 지장을 주는 장식들, 지나치게 사치스런 인상을 주는 것들은 일반적으로 성당의 장식으로 어울리지 않는다고 생각합니다. 또한 많은 돈을 들여 만든 것을 후임 신부가 신자들의 의견과는 상관없이 자신의 주관적 판단만으로 부수고 또다시 새 장식에 많은 돈을 쏟아 붓는다면, 이 역시 하느님 경배에 도움이 되지 못한다고 봅니다. 요즘 지역 사회에 열린 공동체를 지향하면서 성당을 예배 이외의 목적으로 사용하는 경우도 간혹 볼 수 있지만, 이것이 지나치다 보면 성당의 본래 목적을 잊어버리는 경우도 생겨날 수 있습니다.

 지나치게 장식에 신경을 쓰다 보면, 빛 좋은 개살구처럼 하느님 찬양이라는 알맹이는 뒷전에 밀리고 마는 경우가 있습니다. 우리는 때때로 소박하고 검소한 성당 안에서 하느님을 더 쉽게 찬양하는 경험들을 갖게 됩니다. 많은 돈을 들여 지은 냄새를 풍기는 성당에서는 왠지 가난한 사람들과 함께하신 예수님이 안 계실 것 같은 느낌이 드는 것은 저 혼자만의 생각일까요?

전례에 쓰이는 것들

저희 본당에 신부님이 새로 부임해 오시면서 여러 가지가 바뀌어 전례 분위기도 이전과는 많이 달라진 것을 느끼고 있는 신자입니다. 신부님은 제대 뒤 벽면을 현대적 추상화로 채우고, 성당 창문들도 뜻모를 그림들이 그려진 스테인드 글라스로 바꾸었습니다. 미사 때 입는 제의(祭衣)도 일반적으로 많이 보는 그런 제의가 아니고 한복의 두루마기처럼 생긴 제의 위에 영대를 걸치고 미사를 하는가 하면 성작과 성반도 도자기로 된 것을 사용하거나 때때로 포도주 잔과 비슷한 유리잔으로 성작을 대신하기도 합니다. 신세대 신부님이라는 느낌과, 전통을 너무 무시하는 것이 아닌가 하는 반감을 동시에 느꼈습니다. 미사중에 사용되는 제의나 성구(聖具)의 형태나 재질에 있어 교회가 정한 어떤 규정은 없는 건지요.

문제 제기: 성예술(聖藝術)은 존재하는가?

교회 안에서 전례용으로 쓰이는 것들은 성당 건물을 비롯하여 제의(祭衣), 제기(祭器), 예배 장소의 장식, 성상(聖像)과 성화(聖畵), 성물(聖物) 등 여러 가지가 있습니다. 일반적으로 이런 것들을 예술적으로 다루는 것을 성예술이라고 말합니다만, 과연 포스트 모더니즘, 낭만파, 추상파 하는 것처럼 성예술이란 분야가 따로 존재하는가 하는 질문을 던지지 않을 수 없습니다. 왜냐하면 교회는 어떤 특정한 예술 사조를 선택하여 예배에 관계된 것들을 만든 것이 아니라 각 시대에 따라 예배에 적합한 것이 있으면 아무리 세속적인 것이라 하더라도 기꺼이 받아들였기 때문입니다. 르네상스 시대에는 그 시대에 맞는 것을, 로코코 시대에는 그 방식의 작품들을 교회 안에 받아들였음을 현재 남아 있는 성당이나 예술품들, 제구들을 통해 알 수 있습니다. 이렇게 본다면 교회의 고유 예술로서의 성예술이 존재하는 것이 아니라 어떤 예술 사조에 속하든 예배에 적합한 것이라면 무엇이나 성예술로 인정될 수 있다고 말하는 것이 더 정확할 것입니다.

전례 용구의 기원

처음에 교회는 신학적 이유 때문에 유대교나 타종교의 영향을 가급적 피하기 위해서 다른 종교의 흔적이 남아 있는 것은 사용하지 않았습니다. 또 박해 동안에는 자신의 신분을 노출시킬 수 있는 위험을 피하기 위해서라도 자신만의 예배 용구를 가질 수도 없었습니다. 그리하여 세속적인 물건들 가운데 예배에 적합한 것이 있으면 그대로 사용하였습니다. 예를 들어 성작과 성반의 경우 아마도 장식이 있는 유리로 된 것을 사용했을 것입니다. 4세기경부터 귀금속이 사용되면서 예술적인 것들이 생겨났습니다. 제의도 5세기까지는 아직 사복을 그대로 사용하되, 전례의 품위에 어울리지 않는 군인복이나 노동복은 피하였습니다.

하지만 종교자유를 통해 자신의 신앙을 널리 전하고 싶었던 교회는 점차 세속적인 것 가운데 더 고귀하고 품위있는 것을 골라 교회 전례에 사용하기 시작했습니다. 그리하여 왕족이나 귀족들의 의복이나 그들만이 사용하던 상징물들이 전례복이나 전례 상징들로 사용되기 시작했고, 북유럽의 야만족의 침입으로 그들의 노출이 심한 옷들이 사회에 퍼지면서 더욱 전례복을 세속 옷과는 구별하게 되었습니다. 마침내 7세기에는 모든 전례 용구가 세속의 물건과는 구별되면서, 온전히 전례에만 사용되기에 이르렀습니다. 전례복, 특히 교황복과 주교복의 경우에는 12세기까지 많은 발전이 이루어졌습니다. 그리하여 전례복에 그 옷을 입는 사람의 직무를 상징적으로 표현하는 문장들이 들어가게 되었습니다. 또 전례 용구를 강복하여 사용하는 관행을 보여주는 첫 강복 기도문은 9세기까지 거슬러 올라갑니다.

전례 용구의 발전은 12세기 이후 지나친 장식화, 신학의 결여와 같은 것으로 인해 오히려 퇴조하는 경향을 보여주었습니다. 이에 제2차 바티칸 공의회는 전례 개혁을 통하여 전례 용구가 단순하고도 전례의 품위에 맞게끔 고치도록 촉구하기에 이르렀습니다.

전례 용구가 갖춰야 할 특징

교회는 세속적인 목적을 갖는 물건과는 구별되는, 오직 전례 때만 사용될 목적으로 만들어진 성물을 사용할 것을 의무화하였습니다. 이런 성물은 무엇보다도 예배에 적합한 품위와 아름다움을 지니고 있어야 하고, 초자연적 실체를 상징할 수 있어야 한다고 말하고 있습니다. 그리하여 이 성물들을 통해 신자들의 신심이 북돋아질 수 있어야 함을 강조합니다.

한마디로 말해 전례 용구는 다음의 특징을 지니고 있어야 합니다: 용구의 본래 쓰임새에 적합할 것(기능성), 예배의 품위를 드러낼 수 있을 정도의 아름다움을 지닐 것(예술성), 하느님의 은총과 진행되는 예배의 실체를 상징적으로 잘 드러내어 신자들의 신심에 도움이 될 것(상징성 및 교육적 효과).

전례 용구의 새로운 형태: 도전과 한계

제2차 바티칸 공의회 이후 교회는 각국 주교회의가 자기네 고유 문화유산을 이용하여 전례의 많은 부분에 걸쳐 새로운 시도를 할 수 있도록 허락할 뿐만 아니라 그러한 작업을 통해 전례가 각 나라에 뿌리를 내릴 수 있도록 하라고 격려하고 있습니다. 이러한 자유로 인해 새로운 형태의 전례 용구가 등장할 수 있게 되었지만 이것이 언제나 긍정적 효과를 가져오는 것은 아닙니다. 왜냐하면 위에 열거한 전례 용구의 특성을 제대로 지키지 않는 경우도 있고, 신자들의 수준이 어떤 특정 예술사조가 요구하는 수준에 도달하지 못하는 경우도 있기 때문입니다. 또 신자 공동체 전체의 이익보다는 자신의 편의와 기호에 따라 어떤 특정한 것을 토착화란 이름 아래 강요하는 경우도 있기 때문입니다.

구상화가 추상화보다 이해하기 쉽다고 해서 그것만을 교회 안에 받아들인다는 것은 지나치게 좁은 마음일 것입니다. 반대로 지나치게 현대적인 것만을 쫓다 보면 일반 신자들의 감정과는 동떨어진 것이 될 수도 있을 것입니다. 예배 장소가 한 예술가의 작품 전시장이 되어서도 곤란하지만, 하느님의 선물인 새로운 창조 시도를 무조건 배격하는 것 또한 현명한 자세는 아니라고 봅니다.

전례 용구에 대한 새로운 시도는 계속 이루어져야 합니다. 하지만 어느 한 개인의 취향에 따라 좌지우지되거나 어떤 신학적 근거 없이 즉흥적으로 이루어져서는 곤란합니다. 전례는 공동체가 하느님께 드리는 예배이기 때문입니다. 따라서 새로운 시도가 본래의 목적을 달성하기 위해서는 위에 열거한 전례 용구의 특성을 지켜나가야 할 것입니다.

이 세상 나그네 되어

항해(航海)

 한 사람이 바다 건너편 도시에 살고 계시는 부모님께로 돌아가기 위해 배를 탑니다. 배는 닻을 올리고 항구를 빠져나가 넓은 바다를 향해 갑니다. 잔잔하던 물결이 넓은 바다로 나아감에 따라 점차 사나워집니다. 바라는 목적지는 보이지 않고 오직 끝없는 바다, 나그네는 갑자기 겁이 납니다. 뒤를 돌아다보니 자기가 떠나온 항구가 저 멀리 아른거립니다. 저기에 있을 때는 안전했었다는 생각에 돌아가고픈 마음이 절로 생깁니다. 돌아갈까? 돌아가면 안전한 땅 위에 다시 닿겠지만, 부모님께는 언제 돌아가지? 나그네는 갈등을 겪습니다. 바람이 불면서 파도가 더욱 거세어지고 나그네는 더욱더 되돌아가고픈 마음뿐입니다. 배가 부서질지 모른다는 생각도 듭니다. 이 험한 과정을, 바다에서의 시간을 조금만 견디면 안락한 부모님 집에서 편히 쉴 수 있다는 생각으로 용기를 북돋우고, 그러다가 하늘에 보이는 시커먼 구름에 다시 풀이 죽고.

 옛 사람들은 세례성사를 항해에 즐겨 비교하였습니다. 거친 파도를 헤치고 나아가는 배의 모습은, 그리스도인이 이 세상을 떠나 하느님이 계시는 곳으로 나아가는 것과 비슷하였기 때문입니다. 넓은 바다의 성난 파도는, 이 세상에서 그리스도인을 끊임없이 괴롭히는 세속적 유혹의 상징이었습니다. 파도를 피해 항구로 되돌아가고픈 선원들의 마음은, 그리스도인으로서 살 때 겪어야 하는 수많은 어려움으로 신앙을 포기하고픈 유혹에 시달리는 신앙인의 마음과 비슷합니다. 아무리 험난한 바닷길이라 해도 기어이 목적지를 향해 항해하는 배의 모습은, 세상의 모든 유혹을 물리치고 하느님께로 나아가는 굳센 신앙인의 표상이기도 합니다.

나그네: 무소유의 자유

정착하는 이는 끊임없이 물질에 욕심을 내게 됩니다. 조금이라도 필요한 것은 모두 모을 뿐만 아니라, 지금 당장 쓸모가 없는 것이라 하더라도 나중에 행여 사용할 일이 있지 않을까 싶어 자기 곁에 차곡차곡 쌓아 둡니다. 물건을 쌓아 둘 창고는 자꾸만 더 커집니다. 그것을 지키기 위해서 많은 노력을 기울입니다. 권력층에 아부하고 뇌물을 바치기도 하며, 힘없는 사람에겐 무자비합니다.

길 떠나는 나그네는 많은 짐을 가지고 갈 수 없습니다. 가는 도중에 필요한 것을 모두 가지고 떠나면 중도에 지치고 말 것임을 잘 알기에, 꼭 필요한 것 외엔 더 욕심을 내지 않습니다. 물질을 지키기 위해 다른 이를 억누를 필요도 없습니다. 그래서 그는 자유롭습니다.

나그네: 기득권의 포기

정주(定住)한 이는 자신이 차지한 재산과 권익을 유지, 보호하기 위하여 새 제도와 법을 만들고, 자신의 행동을 정당화하는 등 끊임없는 노력을 합니다. 필요하다면 자신보다 더 큰 권력을 쥔 이에게 무조건적인 충성을 바칩니다. 그가 악인이든 아니든 상관하지 않습니다. 자신의 이익을 위해서라면 어제의 소신도 오늘 거침없이 바꿀 수 있습니다. 다른 사람을 경쟁자로 판단하여 경계하고 감시하며 억누릅니다. 그에게 있어 선(善)은 자신에게 이익이 되는 것을 말하고, 자신의 뜻에 어긋나는 것은 도리에 어긋나는 것으로 여겨 처벌하고자 합니다. 친구란 자신의 권익 유지에 도움이 되는 사람이고, 하느님이란 자신의 행동을 합리화시켜 주고 양심을 편안하게 해주는 만능 도구이자 사후 생활을 위한 보험입니다.

이 세상에 잠시 왔다고 생각하는 나그네는 이런 기득권에 집착하지 않습니다. 아니, 오히려 자신의 발길을 붙드는 귀찮은 것, 하나의 유혹으로 여깁니다. 가야 할 곳이 있기 때문입니다. 그의 마음을 끄는 것은 단 하나, 목적지에 도착하는 것입니다. 따라서 기존 세력에 아부할 필요도, 기득권자에게 빌붙기 위해 비굴해질 필요도 없습니다. 그는 자신의 양심에 따라 자유로이 말하고 옳지 못한 것을 비판하며, 다른 이들의 질시와 미움에 그다지 개의치 **않습니다. 그가** 바라는 것은 자신이 가야 할 곳이라고 **여기는 곳에 계신** 분(하느님)의 눈에 옳게 보이는 것뿐입니다.

나그네: 불안과 희망의 삶

한 곳에 정주하고 싶은 사람은 본능적으로 양지를 찾아갑니다. 자신의 마음이 편하게 느낄 수 있는 곳, 자신의 몸이 안락하게 쉴 수 있는 곳, 다른 이들로부터의 위협에 시달리지 않아도 되는 곳, 한마디로 자신만의 요새를 쌓아 갑니다. 이 세상에서 믿을 수 있는 것은 자신의 힘뿐이고, 자신을 보호해 주는 것은 스스로의 능력이라고 여기기에 쉴 틈 없이 자기 둘레에 울타리를 쌓아올립니다. 마침내 다른 이들로부터 완전히 격리되기까지, 그의 안주하고픈 욕망은 그칠 줄 모릅니다. 이 과정에서 방해되는 사람이나 제도를 없애거나 멀리하게 됩니다. 적당히 불의와도 타협합니다. 하지만 여전히 불안합니다. 이 정도면 되겠거니 하고 자신을 둘러보지만, 추구하는 만족과 안정은 언제나 구멍이 뚫려 있게 마련이니까요.

나그네는 불안합니다. 먹을 것, 잠잘 곳, 입을 것 하나 보장되지 않습니다. 적대자들로부터 언제 공격을 당할지 모릅니다. 혼자 있기에 기득권자들로부터의 보호가 없고, 사람들의 공격과 비난, 희생양의 대상이 되기 십상입니다. 자신을 감싸줄 울타리, 자신의 처지를 동정하고 이해해 줄 사람은 존재하지 않습니다. 모든 이에게 노출된 삶, 그래서 그는 발가벗은 아이와 같은 처지입니다. 하지만 그에겐 갈 곳이 있습니다. 거기에 가면 편히 쉴 수 있기에 어느 한 곳에 정주할 수는 없습니다. 지금은 불안하지만 그에겐 희망이 있습니다.

그리스도인은 이 세상의 나그네

세례로써 이 세상이라는 항구를 벗어난 그리스도인은, 하느님 나라라는 목적지를 향해 나아가는 이 세상의 나그네입니다. 그에게는 하느님이 계십니다. 그분이 자신의 편이 되어 주심을 알기에, 불안 가운데서도 희망을 잃지 않습니다. 아니, 이 세상으로부터 안정을 찾을 수 없기에 하느님께만 매달리는 것인지도 모릅니다. 이 세상에서는 불안을 느끼기에 그는 끊임없이 하느님께로 가는 여정을 계속하는 것인지도 모릅니다.

파도, 폭풍우, 끝없는 바다가 그를 불안하게 하지만, 그리스도라는 등대를 좇아 어둠을 뚫고 나아갑니다. 비록 바다 한가운데서 침몰하는 한이 있어도 후회하지 않을 것입니다. 죽는 순간, "하느님, 이제껏 당신께 가려고 노력했습니다"라고 하느님께 말할 수 있는 그는 행복할 테니까요.

> 나 하늘로 돌아가리라.
> 아름다운 이 세상 소풍 끝내는 날,
> 가서, 아름다웠더라고 말하리라. …
> 천상병 시인의 「귀천」(歸天)에서